오 늘 부 터
표현 영문법

Image de wakaru hyougen eibunpou

© Shigenori Tanaka, Taihei Yumiketa, Kino Kamiyama, Gakken
First published in Japan 2016 by Gakken Plus., Ltd., Tokyo.
Korean translation rights arranged with Gakken Plus Co., Ltd. through Imprima Korea Agency.

오늘부터 표현 영문법

지은이 Shigenori Tanaka, Taihei Yumiketa
그린이 Kino Kamiyama
옮긴이 허재훈
펴낸이 정규도
펴낸곳 (주)다락원

초판 1쇄 발행 2020년 9월 1일

편집총괄 장의연
책임편집 허윤영
디자인 하태호
전산편집 이승현

다락원 경기도 파주시 문발로 211
내용문의: (02)736-2031 내선 524
구입문의: (02)736-2031 내선 250~252
Fax: (02)732-2037
출판등록 1977년 9월 16일 제406-2008-000007호

값 14,000원
ISBN 978-89-277-0130-9 13740

www.darakwon.co.kr
다락원 홈페이지를 방문하시면 상세한 출판정보와 함께 동영상
강좌, MP3자료 등 다양한 어학 정보를 얻으실 수 있습니다.

오늘부터 표현 영문법

Shigenori Tanaka · Taihei Yumiketa 지음
Kino Kamiyama 그림

 DARAKWON

CONTENTS

'문법'이란 간단하게는 문장을 이루는 원칙이다. 어떤 언어든 해당 언어를 사용하는 사회 구성원이 그 언어를 쓸 때 약속한 언어의 구성과 운용상의 규칙이 있는데, 이것을 '문법'이라고 한다. 문법은 단어와 함께 언어의 뼈대를 이루며, 문법을

본질적 의미, CORE를 잡아라

알아야 한 언어를 체계적으로 이해하고 활용할 수 있다. 그러므로 **영어를 제대로 구사하려면 반드시 영문법을 알아야 한다**. 그러나 문법이 어렵게 느껴지고 이해가 잘 안 되기 때문에 문법 공부를 조금 하다가 좌절하고 때려치우는 사람이 많다. 필자 주변을 보면 영어는 재미있지만 문법이 너무 어려워서 영어 공부를 깊

게 할 수 없다는 사람, 읽기와 듣기는 대충 되는데 문법적으로 맞는지 틀린지 잘 몰라서 말하거나 글을 쓰는 건 못하겠다는 사람이 제법 있다. 문법 실력을 키우려면 실제로 언어를 써 보면서 그 경험을 통해 얻은 감각으로 이해해야 하는데, 많은 사람이 문법 요소의 정의와 규칙만 단순히 외우려고 한다. 이렇게 다짜고짜 암기만 해서는 영문법의 재미와 맛을 느낄 수 없고, 결국 문법을 제대로 이해할 수가 없다.

현재완료형을 예로 들어 설명해 보겠다. 우리는 지금까지 '현재완료형은 have+과거분사' 형태라고 배웠다. 그런데 왜 have를 쓸까? 이 질문에 "몰라요. 그냥 외웠어요"라고 답한다면, 이는 현재완료형의 본질을 제대로 모르고 있다는 것을 드러내는 것이다. have는 현재완료형의 본질을 이해하는 데에 있어서 가장 핵심이다.

그래서 지금까지의 시험을 위한 영문법 암기 학습법이 아니라 '문법의 본질'을 이해할 수 있는 책을 쓰고 싶었고, 이러한 열망의 결실로 이 책이 세상에 나왔다. **문법의 '본질'을 이해하면 문법을 재미있게 느끼고 받아들일 수 있다.**

이 책에서는 사람들이 **영어로 표현할 때 가장 잘 틀리고, 어려워하는 문법 항목을 선별하여 그 '본질적 의미'인 "CORE"를 단순하고 핵심을 보여 주는 이미지와 함께 설명했다.** 특히 여러 문법 항목 중에서도 '문장을 움직이는 에너지'라 할 수 있는 동사에 초점을 맞추었다.

이 책을 통해 한 명이라도 더 많은 사람이 '영문법은 재미있다'라고 느끼게 된다면 이보다 더 즐거운 일은 없을 것이다.

PART 0
CORE 학습으로 초대합니다

이제는 단순히 영어 시험에서 높은 점수를 받는 것만이 아니라, 영어로 의사를 표현하고 소통할 수 있는 표현력이 더 중요한 시대가 되었다. 이 표현력을 높이려면 주먹구구식의 암기에서 벗어나, 이 책에서 소개하는 단어나 문법의 본질적 의미인 **CORE**를 이해해야 한다. CORE를 학습함으로써 영어 문법을 즐겁게 익히고, 그것을 바탕으로 영어를 자유자재로 구사할 수 있게 되기를 바란다.

CORE 학습의 2대 원칙

1 형태가 다르면 의미도 다르다.

2 형태가 같으면 공유하는 본질적인 의미가 있다.

표현 영문법

명사 (= 주 어)

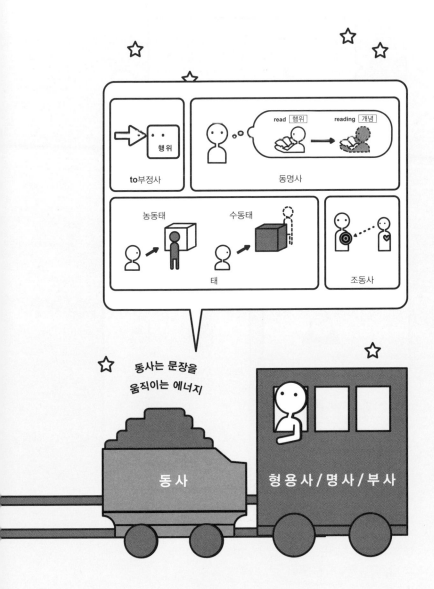

\ 단 순 한 문 법 규 칙 암 기 는 힘 들 다 . /
영 문 법 을 공 부 할 때 에 는 '왜?' 인 지 묻 자 .

GOOD
NEWS!

본질을 묻는 과정을 거치며 실제로 말하고 쓸 수 있는 영문법을 배우게 된다. 문법의 본질적 개념을 알게 되므로 진정한 영어 표현력을 익힐 수 있다.

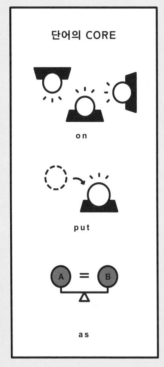

단어의 CORE

on

put

as

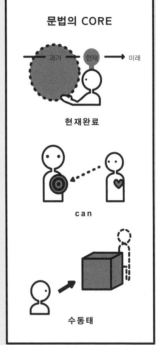

문법의 CORE

현재완료

can

수동태

단어든 문법이든 그 본질적 의미(CORE)를 파악하면 왜 그렇게 쓰이는지 이해할 수 있다. 그리고 그 CORE를 알아야 단어나 문법을 제대로 활용할 수 있다. 표현할 수 있는 영어력을 키우는 핵심은 바로 'CORE를 습득하는 것'이다.

문법 때문에 영어 공부가 어렵다?
영문법을 보는 시각과 접근법을 바꾸어 보자.

· 단어를 달달 외운다.
· 용법을 달달 외운다.

본질(CORE)을 파악하고 이해하는
학습 방식으로!

CORE ——— 문법
&
기본어휘

CORE의 특징

· 단어나 문법의 본질적 의미
· 문맥에 좌우되지 않는다.

CORE를 머릿속에 그리면(이미지화하면) 확실하게 이해할 수 있다.
이 책에서는 그러한 CORE의 이미지를 단순하고 알기 쉬운 일러스트
를 사용하여 제시한다.

PART
0

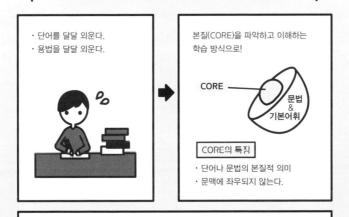

(책상에 책을)
놓다

(상자에 사과를)
넣다

(머리에 리본을)
달다

book

CORE ◎ IMAGE

put

다 다른 건 줄 알았는데
뜻이 서로 통하네!

CORE ◎ '무엇을 (움직여서) 어디에 두다'

그냥 읽지 말고 꼭 이해하고 넘어가자!

지금까지는 무턱대고 외웠지만,
앞으로는 영어를 제대로 구사하는 사람으로 거듭나고 싶은가?

"의미가 비슷한 단어와 규칙이 모호한 문법 때문에 고민이에요."

현재완료형? 과거형?

see = 보다
look = 보다
watch = 보다

CORE를 알면 그 차이를 명확하게 알 수 있다.

시험을 잘 치기 위한 암기 위주의 영문법이 아니라 '말하고, 글을 쓸 수 있는' 영문법을 익히자!

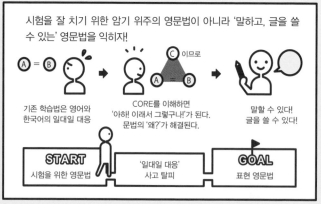

기존 학습법은 영어와
한국어의 일대일 대응

CORE를 이해하면
'아하! 이래서 그렇구나!'가 된다.
문법의 '왜?'가 해결된다.

말할 수 있다!
글을 쓸 수 있다!

START
시험을 위한 영문법

'일대일 대응'
사고 탈피

GOAL
표현 영문법

PART 1
CORE가 뭘까

이 책의 목적은 여러분이 영어로 말하고 글을 쓰는 등 표현할 수 있게 하는 영문법을 익히도록 돕는 것이다. 이를 위해서는 먼저 영어와 한국어가 서로 '일대일 대응'하지 않는다는 사실부터 이해해야 한다.

SECTION 1
영어와 한국어가 꼭
'일대일 대응'하지는 않는다

● **사람은 언어를 사용하여 세계를 구분한다**

인간은 '언어'를 사용하여 세계를 구분하고 이해한다. '손가락', '발가락'이라는 단어
를 생각해 보자. 한국 사람은 '~가락'을 모두 동일한 범주로 취급한다는 것을 알 수
있다. 그리고 이 단어의 의미를 모두가 같이 공유하여 커뮤니케이션이 이루어진다.

그렇다면 영어의 finger는 어떤 의미일까? 사전을 찾아보면 finger 뜻의 첫 항목
은 '손가락'이다. 영어 단어 finger는 발가락을 가리킬 때는 쓰지 않는다. 또한 손
가락 중에서도 엄지손가락은 포함되지 않는다. finger는 검지손가락부터 새끼손
가락을 가리킬 때 사용하는 단어이다. 즉, '**~가락**'과 **finger가 반드시 일대일로
대응하는 것은 아니다**. 이 예를 통해 언어권마다 세계를 인식하고 이해하는 방식
에 차이가 있다는 것을 알 수 있다.

~가락
20

'세계를 어떻게 이해하여 하나의 범주로
묶는가' 하는 관점에서 한국어와 영어 사
이에는 차이가 있다

finger
8

'~가락'과 'finger'의 예만 있는 것이 아니다. '요리하다'와 'cook'도 살펴보자. 영어 원어민들은 cook을 '가열하여 조리하는' 것으로 이해한다. 따라서 to cook salad라고는 쓰지 않는다. 샐러드는 일반적으로 가열하지 않고 만들기 때문이다. 한편, '밥솥'은 영어로 rice cooker이다. 쌀은 가열하여 조리하는 음식 범주에 들기 때문에 동사 cook을 쓰는 것이다.

또 다른 예도 생각해 보자. 영어의 관사 'a'와 일대일로 대응하는 한국어는 무엇일까? 전치사 on과 일대일로 대응하는 한국어는? 사전을 찾아보면 on의 의미만 20여 가지가 넘게 나온다. 그런데 단순하게 on의 뜻을 '~위에'로만 외워도 될까? 결론부터 말하면 **'안 된다'**.

● 일대일 대응이 되어야 한다는 사고방식에서 벗어나자

영어와 한국어가 반드시 '일대일 대응 하지는 않는다'는 사실은 단순히 단어뿐 아니라 문법에도 적용된다. **영어 문법은 한국어 문법과 완전히 다르다.** 그런데 이를 무시하고 무조건 해당하는 한국어 번역이 있겠거니 하고 달달 외우려고 하기 때문에 많은 사람이 영문법을 어렵게 느끼는 것이다.

to부정사를 공부할 때 위에 나온 것처럼 to부정사의 용법을 정리하여 달달 외웠을 것이다. 하지만 이런 무조건적 암기 방식으로는 절대로 영문법을 제대로 이해할 수 없고, 영어로 제대로 표현할 수 없다. 게다가 영어를 어렵다고 말하는 사람 대부분은 '영어와 한국어가 서로 일대일로 대응한다'라고 잘못 생각하고 있다.

물론, 외국어 학습 초기에는 대부분 그 과정을 겪는다. 개인마다 차이는 있겠지만, 대다수 사람은 모국어를 어느 정도 익힌 후 영어 학습을 시작한다. 그래서 처음 영어를 공부할 때 She is cooking curry.라는 문장과 함께 카레를 만드는 모습이 그려진 그림을 봤다면 보통은 "아, 영어로 '요리하다'를 cook이라고 하는구나"라고 생각하게 되는 것이 당연하다.

처음 모르는 단어를 접했을 때도 마찬가지이다. individualism이라는 단어를 봤다면 사전에서 '개인주의'라는 의미를 찾아 'individualism=개인주의'라고 일대일로 대응해서 이해하는 것이다. 모국어를 익힌 사람은 **모국어 어휘에 영어 어휘를 새로 input(대입)하여 외우기** 때문에, 외국어 학습 초기 단계에서는 자꾸 한국어 표현과 영어 표현을 일대일로 대응시키려고 한다.

그러나 문제는 그 후에 발생한다. 영어를 계속 공부하면서 cook에는 '요리하다'라는 뜻뿐만 아니라 다른 뜻도 있다는 것을 알게 되고, on을 단순히 '~위에'로만 해석해서는 이해되지 않는 문장이 많다는 것을 깨달으며 기존에 가지고 있던 지식을 수정해야 할 필요성을 느끼게 된다.

한국어와 영어가 반드시 일대일로 대응하지는 않는다는 것을 깨닫는다

이를 이해하면 점점 영어식 사고에 익숙해지므로 영어를 공부하는 데에도 자신감이 붙는다. 이 책은 영어를 학습하는 모든 사람이 **영어식 사고를 할 수 있도록 돕는 것**이 목표이다.

● **목표는 영어로 말하고 쓰기!**

또한 이 책은 시험에서 높은 영어 점수를 따기 위해 방대한 문법 지식을 효율적으로 암기하는 방법을 가르치는 것이 아닌, **실제 생활에서 영문법을 제대로 활용하여 말하고 쓸 수 있게 하는 것**을 목표로 한다. 이러한 영문법을 지금까지의 시험을 위한 영문법과 구별하기 위해 표현 영문법이라고 하겠다. 표현 영문법을 익히기 위해서는 앞서 이야기했듯 '영어와 한국어 표현은 일대일로 대응한다'라는 잘못된 생각에서 벗어나야 한다.

이 책은 영문법 책이지만, PART 1 에서는 문법을 본격적으로 다루기 전에 **어휘**에 초점을 맞추었다. 다시 말해, 'put=놓다', 'on=위에'처럼 해석하면 안 된다는 사실부터 그 이유를 차근차근 배우는 것이다.

흔히 어휘를 익히는 것이 언어 학습의 기본이라고 이야기한다. 실제로, 기본어휘(중학교 수준의 어휘)가 '영어를 모국어로 쓰는 사람들이 일상회화에서 쓰는 어휘의 80%'를 차지한다. 따라서 기본어휘라고 우습게 보면 안 된다.

기본어휘

영어 원어민이 일상회화에서
쓰는 어휘의 80%를 차지한다

그런데 이 기본어휘를 살펴보면 여러 개의 뜻을 가진 단어가 많다. 예를 들어, take를 사전에서 찾으면 실린 단어 뜻만 10개가 넘는다. 그래서 이 책에서는 기본어휘를 '단순하지만 모호한' 단어들이라고 평가한다. 이렇게 보는 관점은 다음처럼 설명할 수 있다. 모든 기본어휘에는 **모호할 수는 있지만 단순한 하나의 본질적인 의미**가 있다. 각 기본어휘에 있는 '단 하나의 핵심적인 의미', 이것을 CORE라고 한다. CORE는 단어의 본질적인 의미로, 문맥에 좌우되지 않는다.

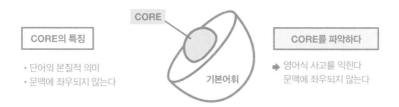

CORE

CORE의 특징

· 단어의 본질적 의미
· 문맥에 좌우되지 않는다

기본어휘

CORE를 파악하다

➡ 영어식 사고를 익힌다
   문맥에 좌우되지 않는다

CORE를 파악하는 것이 영어식 사고를 하는 데에 있어 가장 중요하다. 동사 put을 살펴보면서 PART 1 의 주제인 CORE의 힘을 설명하겠다.

먼저 사전에서 put의 뜻을 찾아보자. '놓다, 넣다, 붙이다, 부과하다, ~의 탓으로 하다, 기재하다, 번역하다' 등 수많은 뜻이 나온다. 동사 put이 가진 많은 뜻은 put이 다양한 상황에서 사용되며, 한국어로 바꿀 때 문맥에 따라 다양한 뜻으로 번역해야 한다는 사실을 보여 주는 것이다. 그런데도 사전의 가장 첫 줄에 나와 있는 '놓다'로만 외우고 끝내는 사람이 많다.

그러나 이래서는 폭넓게 활용되는 동사 put을 제대로 이해하기 어렵다. 아래 예문을 보자.

○ I'll put an advertisement in the newspaper.
　　나는 신문에 광고를 낼 것이다.

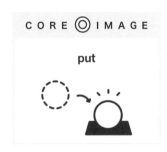

'put=놓다'로만 기억하면 이 예문을 올바르게 해석할 수 없다. 그래서 CORE를 파악해야 한다. put의 **CORE ◎** 는 **'무엇을 (움직여서) 어디에 두다'**이다. '무엇을'에 그치지 않고 '어디에'로까지 확장하는 것이 핵심이다. 책상 위에는 책을 '놓고', 꽃병 속에는 꽃을 '꽂고', 벽걸이 시계라면 '걸고', 상자 속에 사과를 '넣는' 것이다. 따라서 She put a ribbon in her hair.는 '그녀는 머리에 리본을 달았다'라고 해석한다.

|(책상에 책을) 놓다|(상자에 사과를) 넣다|(머리에 리본을) 달다|

지금까지는 벽에 시계를 걸고, 머리에 리본을 단다고 할 때 영어로 put을 떠올리기 어려웠겠지만, 이제는 I'll put an advertisement in the newspaper.가 왜 '나는 신문에 광고를 낼 예정이다'로 해석되는지도 이해될 것이다. 어떤 기본어휘이든 사전에 나오는 뜻 전부를 달달 외우는 것은 효율적이지 않은 데다가 불가능하다. 그것보다는 그 어휘의 **C O R E ◎** 를 익히는 것이 합리적인 선택이다.

다시 말하지만, put의 **C O R E ◎** 는 **'무엇을 (움직여서) 어디에 두다'**이다. 이것을 염두에 두고 아래 예문을 읽어보자.

○ She put a picture in the envelope and put a stamp on it.
그녀는 사진을 봉투에 넣고, 봉투에 우표를 붙였다.

이 예문에서는 '(사진을 봉투에) 넣다'와 '(봉투에 우표를) 붙이다'를 모두 put으로 표현했다. 그러나 '넣다'나 '붙이다'가 put의 본질적인 의미는 아니다. 이것들은 put을 사용하여 표현한 상황을 한국어로 번역한 것일 뿐이다.

● '놓다=put'으로만 이해하면 안 된다

put의 CORE가 **'무엇을 (움직여서) 어디에 두다'**라는 것은 put을 쓸 때는 '어디(이동하는 장소)'에 관한 정보가 반드시 뒤에 나와야 한다는 뜻이다. 이것은 'put=놓다'로만 이해해서는 도저히 설명할 수 없다. 한국어로는 '놓다'라고 표현하지만, 영어로는 put을 사용하지 않을 때도 많다. '기차에 스마트폰을 놓고 내렸다'라는 문장을 영어로 표현할 때 I put my smartphone in the train.이라고 하지 않는다. 대신, I left my smartphone in the train.이라고 한다. I put my smartphone in the train.이라고 하면 '의도적으로 놓다(두다)'라는 뉘앙스가 첨가되기 때문에 '나는 일부러 스마트폰을 기차 안에 놓았다'라고 해석해야 한다. 이 역시 put의 CORE를 알면 헷갈리지 않는다.

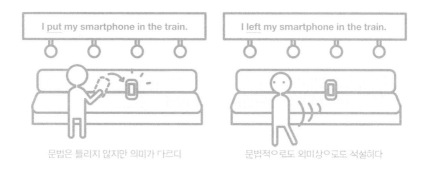

I put my smartphone in the train.	I left my smartphone in the train.
문법은 틀리지 않지만 의미가 다르다	문법적으로도 의미상으로도 어색하다

● put의 CORE를 느껴보자

PART 1

이외에도 put이 사용된 표현을 살펴보자. **'무엇을 (움직여서) 어디에 두다'**라는 put의 **C O R E ◎** 를 머리에 떠올리며 아래 예문들을 읽어 보자.

○ Put your hand under the tap.
   손을 수도꼭지 아래에 두세요.

○ The little girl is putting some coins into the piggy bank.
   그 어린 소녀는 동전 몇 개를 돼지 저금통에 넣고 있다.

○ She put some eye drops in her eyes.
   그녀는 안약 몇 방울을 눈에 떨어뜨렸다.

○ Could you put a bit more sugar in this tea, please?
   홍차에 설탕을 좀 더 넣어 주시겠어요?.

한국어로는 put이 '두다', '넣다', '떨어뜨리다' 등으로 번역되지만, 제시된 예문들에 사용된 동사는 put 하나이다. **'무엇을 (움직여서) 어디에 두다'**라는 put의 **C O R E ◎** 를 떠올리며 다시 한번 예문을 읽어 보자.

021

이번에는 put의 ◎ **C O R E** ◎ 인 '**무엇을 (움직여서) 어디에 두다**'에서 '어디에'에 관한 부분을 더 깊이 살펴보자. '어디에'에 해당하는 것은 **물리적인 장소**뿐 아니라 **심리적인 장소**도 가능하다. 이것을 이해하면 put에 관해서는 완벽히 이해했다고 해도 과언이 아니다.

○ I put Mark Twain <u>among my favorite authors</u>.
> ◎ 나는 마크 트웨인을 내가 가장 좋아하는 작가 중에 둔다.
> 마크 트웨인은 내가 가장 좋아하는 작가 중 한 명이다.

이 문장에서 '내가 좋아하는 작가 중'이 '어디에'에 해당하는 부분이다. '수도꼭지 아래에, 저금통 속에, 홍차에'처럼 구체적인 장소(사물)는 아니지만, 추상적이고 **심리적인 장소**이다. **심리적인 '어디에'도 put 뒤에 올 수 있다**는 것을 기억하자.

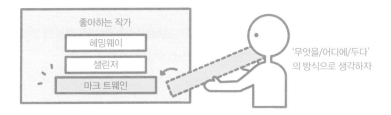

또 다른 예문을 살펴보자.

○ That story would <u>put</u> her <u>into shock</u>.
> ◎ 그 이야기는 그녀를 쇼크 안에 둘 것이다.
> 그 이야기를 들으면 그녀는 충격을 받을 것이다.

○ Her nagging always <u>puts</u> me <u>in a bad mood</u>.
> ◎ 그녀의 잔소리는 언제나 나를 나쁜 기분 안에 둔다.
> 그녀의 잔소리를 들으면 언제나 기분이 나쁘다.

○ <u>Put</u> yourself <u>in my place</u>.
> ◎ 너를 내 입장에 둬 봐.
> 내 입장에서 생각해 봐.

영어에서는 이 모든 표현에 put을 사용하고 있다. 'put=놓다'로만 생각하면 put으로 표현할 수 있는 범위가 너무 좁아진다. 앞으로는 **'무엇을 (움직여서) 어디에 두다'**라는 put의 C O R E ◎ 를 기억하고 적절하게 사용하자.

PART
1

● 숙어, 이제는 외우지 마라

지금까지 기본어휘를 C O R E ◎ 로 이해하는 것이 얼마나 효과적인 방법인지를 설명했는데, 기본어휘를 C O R E ◎ 로 이해하면 얻게 되는 또 하나의 엄청난 장점이 있다.

그것은 바로 **영어 숙어를 더 이상 무조건 외우지 않아도 된다**는 점이다. 예를 들어, 지금까지는 put A into B(언어)는 'A를 B(언어)로 번역하다'로, put A before B는 'A를 B보다 우선하다'라고 그냥 열심히 암기했을 것이다. 그러나 이런 무조건적인 암기는 비효율적이다. 무엇보나, 군이 외우려 애쓸 필요도 없다. 우선, put A into B(언어)가 왜 'A를 B로 번역하다'로 해석되는지 아래 예문을 통해 살펴보자.

○ How do you put that Italian expression into Korean?

　◎ 그 이탈리아어 표현을 한국어 안에 어떻게 둡니까?

　그 이탈리아어 표현을 한국어로는 어떻게 번역합니까?

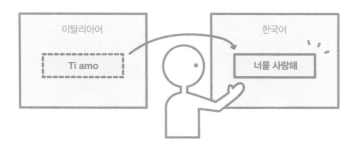

이 예문은 put A into B의 뜻을 외울 필요 없이, put의 C O R E ◎ 만 정확하게 파악하고 있으면 쉽게 해석할 수 있다.

그다음으로는 put A before B(A를 B보다 우선하다)라는 숙어를 살펴보자.

○ **Now is the time to** put duty before pleasure.

◎ 지금이야말로 의무를 노는 것보다 앞에 둬야 한다.

지금이야말로 노는 것보다 일을 우선해야 한다.

'의무(일)'를 다른 것보다 앞에 놓는다

이제 이 숙어도 뜻을 무턱대고 외울 필요 없이, 왜 이 뜻으로 해석되는지 자연스럽게 이해될 것이다. CORE를 제대로 이해하면 외울 일이 줄어든다. 이것이 바로 **CORE ◎** 의 힘이다.

한 가지 말하고 싶은 것은 암기 자체가 잘못된 외국어 학습 방식은 아니라는 사실이다. 새로운 언어를 배울 때 당연히 어느 정도는 암기해야 한다. 그러나 **이해 없이 단순히 암기만 해서는 들인 고생에 비해 잊기 쉽다.** 이는 기억을 떠올리는 데에 필요한 단서가 부족하기 때문이다.

이 말의 이해를 돕기 위해 예를 하나 들어 보겠다. 차량 통행금지를 안내하는 도로 표지판을 떠올려 보자. 도로표지판 내 빗금이 어느 방향을 향하고 있는지 기억하는가?

어떤 것이 맞을까

정답은 '왼쪽 위에서 시작하여 오른쪽 아래 방향으로 향하는 것'인데, 차량 통행 금지 표지판의 빗금이 왼쪽 위에서부터 오른쪽 아래 방향으로 향한다는 사실을 기계적으로 기억하는 것 등이 단순암기(A=B라는 input)에 속한다.

그렇다면 왜 빗금은 왼쪽 위에서 오른쪽 아래 방향으로 향하는 것일까? 이유는 단순하다. 이것이 '금지'를 뜻하는 "NO"를 도식화한 것이기 때문이다.

알파벳 N을 떠올리면 빗금 방향이 어느 쪽을 향하는지 헷갈리지 않을 것이다. 이처럼 "왜?"라고 원인을 같이 떠올리는 기억법을 삼각법(Triangulation)이라고 한다. 삼각형을 영어로 triangle이라고 하는데, 삼각법이란 '삼각형을 만드는 방식'이라고 생각하면 된다. 'A=B'임을 기억하기 위해 기억을 불러내는 방아쇠 역할을 하는 C를 경유하는 방식이 머릿속에 장기 기억으로 남는다는 사실은 연구를 통해 입증되었다.

또한 단순암기는 '왜?'를 함께 기억하는 방식보다 재미가 없다. 이것은 단순암기의 치명적인 약점이다. 앞으로는 어휘의 CORE를 삼각법에서 말하는 방아쇠로 활용하자. '아하! 이래서 그렇군!'이라고 한번 머리에 박히면 쉽게 잊히지 않기 때문에 무척이나 합리적인 방법이다. 단어뿐만 아니라 숙어 뜻을 일일이 다 외우지 않아도 된다는 점은 CORE 학습의 장점 중 하나이다.

이제 아래 예문들을 읽어 보자. 이 예문들을 올바르게 해석하는 것이 어렵지 않을 것이다.

○ **He puts his family before anything else.**
　그는 다른 무엇보다 가족을 우선시한다.

○ **The soldier put loyalty before life.**
　그 군인은 자기 목숨보다 충성심을 더 중요하게 생각했다.

SECTION 1 을 마무리하려는 지금, 다시 한번 강조하고 싶은 것은 한국어와 영어를 일대일로 대응시키는 초보적인 학습 방법에서 벗어나야 한다는 점이다. 지금부터는 단어가 가지는 본질적 의미인 CORE를 이해하기 위해 노력하자.

CORE는 문맥에 영향받지 않는다 – take

'약을 먹다'를 영어로는 take a pill이라고 한다. 그렇다고 take를 '(약을) 먹다'로만 번역하면 안 된다.

take의 CORE

"자신의 영역에 받아들이다"

take는 맥락에 따라 그 의미가 달라진다.

She took a pill with water.
그녀는 물과 함께 약을 먹었다.

She took a pill to him.
그녀는 그에게 약을 가져다 주었다.

She took a pill from the drugstore and got arrested.
그녀는 약국에서 약을 훔쳐서 체포되었다.

(약을) 먹다

(약을) 가져다주다

(약을) 훔치다

CORE는 문맥에 영향받지 않는 '본질적인 의미'이다. 그러므로 CORE를 익히는 것은 매우 중요하다.

SECTION 2
의미가 유사한 동사의 차이는?
CORE를 이해하면 동사를 올바르게 사용할 수 있다

● '말하다(speak, talk, say, tell)' 동사 구분하기

영어에는 뜻이 비슷한 단어가 많다. 이러한 유의어 중에서 대표적인 것이 '말하다'라는 뜻으로 쓰이는 speak, talk, say, tell이다. SECTION 2 에서는 이런 동사들에 관해 알아보려고 한다.

분명히 말할 수 있는 것은, 기본동사의 **C O R E ◎** 를 파악하면 지금까지는 구분하기 어려웠던, 의미가 비슷한 동사들을 적절하게 사용할 수 있게 된다는 점이다.

단순히 '말하다'로 번역해서는
이들 동사를 구분할 수 없다

speak의 **CORE ◎** 는 '**소리를 내다**'이다.
발언의 내용이 아니라, **말하는 사람으로부터
소리가 한 방향으로 퍼져나가는 느낌**에 초
점이 맞춰진다.

CORE ◎ IMAGE

speak

○ Think before you speak.
생각한 뒤에 (입 밖으로) 말해라.

예문의 you speak(입 밖으로 말하다)의 초점은 발언이 '내용'이 아니다. 다른 예문도
살펴보자. She speaks loudly.는 '그녀는 큰 소리로 말한다'로 해석하는데, 이 역
시 '소리가 어떤 방향으로 나가는' 이미지를 상상하게 된다. Wei speaks Spanish
fluently(웨이는 스페인어를 유창하게 말한다).처럼 문장의 목적어가 '언어(스페인어)'인 문
장에서도, 발언의 내용이 아니라 '그 언어가 입 밖으로 나오는' 이미지에 초점이
맞춰진다. A little girl spoke to me.는 '소리가 향한 방향'이 to me(나에게)이므로
'한 어린 소녀가 나에게 말을 걸었다'로 해석하면 된다.

PART
1

speak to

speak은 '한 방향으로 향하는 화살표'의 이미지이다

○ Could you speak a little more slowly?
조금만 더 천천히 얘기해 주실래요?

○ She wouldn't speak a word.
그녀는 한마디도 하지 않았다.

○ She has a nice speaking voice.
그녀는 좋은 (발성) 목소리를 가지고 있다.

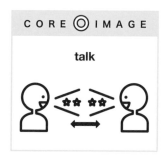

talk의 **CORE ◎** 는 **'말을 주고받다'**이다. speak과는 달리, **서로 말을 주고받는 모양새**에 초점이 맞춰져 있다. speech는 speak으로부터 파생된 말인데, '대통령의 speech(연설)'라고 하면 대통령이 일방적으로 말하는 느낌이지만, '대통령의 <u>talk</u> show'라고 하면 대통령이 누군가와 말을 주고받는 모습이 그려진다.

○ We sometimes <u>talk</u> in that cafe.
  우리는 간혹 저 카페에서 이야기를 나눈다(이야기꽃을 피운다).

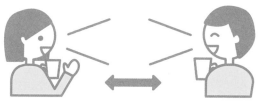

talk는 '쌍방향'의 이미지

이 예문을 보면 커피숍에서 친구들과 이야기를 주고받으며 이야기꽃을 피우는 모습이 그려진다. 여기에 '무언가에 관해'라는 정보를 더하고 싶으면, about 등의 전치사를 사용하여 Let's <u>talk</u> about the matter(그 문제에 관해 이야기해 보자).처럼 표현하면 된다.

앵무새에 관해 말할 때 종종 Parrots can speak, but they can't <u>talk</u>(앵무새는 말할 수는 있지만, 대화는 안 된다).라고 하는데, 이것은 speak과 talk의 차이를 보여 주는 좋은 예문이다. 더 나아가, 상대방과 수화로 이야기하거나 인터넷 채팅을 하는 상황을 표현할 때 speak이 아니라 talk를 써야 하는 이유도 이제 알게 되었을 것이다.

한쪽 방향 말하기 ➔ speak

쌍방향 대화 ➔ talk

 say의 CORE

say의 CORE ◎는 '**내용을 말하다**'이다. 즉, say는 **발언의 내용**에 초점이 맞춰져 있다. 따라서 아래 예문처럼 발언 내용을 인용부호(" ")로 표시한 다음 그 내용을 그대로 say의 목적어로 하는 경우가 흔하다.

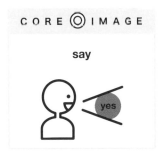

CORE ◎ IMAGE

say

○ He said, "I will return here tomorrow."
　그는 "내일 이곳에 돌아올게"라고 말했다.

또한, that절(명사절)을 사용하여 발언 내용을 표현하는 경우도 많다. People say that there is oil under the North Sea(북해 바다 밑에 석유가 있다고 사람들은 이야기한다).의 예를 보면 알 것이다. 물론 목적어가 인용 내용이나 명사절이 아닌 경우도 있다. 그러나 She said good-bye and left(그녀는 안녕이라고 말하고 떠났다).라는 예문에서 알 수 있듯, 결국은 '발언 내용(good-bye)'이 say의 목적어이다.

say의 초점이 발언 내용에 맞춰져 있음을 확인할 수 있는 좋은 예문이 또 있다. 바로 He talked a lot, but didn't say much(그는 말은 많이 했지만, 별로 들을 것은 없었다).이다.

서로 같이 대화했으므로 문장 전반부에서는 '이야기를 많이 했다=말을 많이 주고받았다'라는 의미로 talked를 사용했지만, 문장 후반부는 '별로 들을 만한 내용은 없었다'라고 '내용'에 초점이 맞춰져 있으므로 didn't <u>say</u> much라고 say를 쓴 것이다.

● tell의 CORE

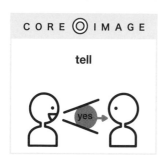

CORE ◎ IMAGE

tell

tell의 CORE ◎ 는 **'상대방에게 내용을 전달하다'**이다. say는 '내용을 말하다'이므로 say 뒤에 따라붙는 요소는 '내용' 하나면 된다. 그러나 tell은 '상대방에게, 내용을' 전달하는 것이므로 **'누구에게', '무엇을'이라는 두 가지 요소가 필요하다.** 따라서 tell은 '…에게 …을 ~하다'라는 영어의 4형식 문장에 사용되는 동사이다(※4형식 문장에 관한 내용은 PART 6 참조).

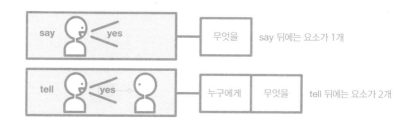

○　She <u>told</u> me the story.
　　그녀는 내게 그 이야기를 해 주었다.

이 예문에서도 tell 뒤에 'me(내게)'와 'the story(그 이야기를)'라는 두 요소가 나오는 것을 확인할 수 있다. 참고로, Joanna <u>told</u> me that I should see the doctor(조애나는 내게 의사에게 진료를 받으라고 권했다).처럼 전달하는 내용을 that절로 쓸 수도 있다. 그러나 tell을 꼭 '누구에게–무엇을' 순서로만 쓰는 것은 아니다. Charlie <u>told</u> me about the accident(찰리는 내게 그 사고에 관해 이야기해 주었다).나 He didn't tell the truth to the jury(그는 배심원들에게 진실을 이야기하지 않았다).와 같은 문장도 가능하다. 그러나 tell 뒤에는 반드시 '누구에게'와 '무엇을'에 해당하는 두 요소가 나와야 한다는 것을 기억하사.

누구에게　무엇을　이라는 두 가지 요소를 의식해야 한다

'상대방에게 내용을 전달하다'가 tell의　C O R E ◎ 이다. 원칙적으로는 '누구에게', '무엇을'이라는 두 가지 요소가 필요하지만, 문맥상 의심의 여지가 없으면 둘 중 하나를 생략할 수도 있다. 중요한 것은 생략한 경우에도 **CORE는 살아 있다**는 점이다. 예를 들어, "좀 가르쳐 줘!"는 영어로 Tell me!다. 이것을 활용하여 Tell me, what did you do with her last night(가르쳐 줘. 너 지난밤에 그녀랑 뭘 했어)?처럼 표현할 수 있다.

My uncle is always <u>telling</u> bad jokes(우리 삼촌은 항상 질 나쁜 농담을 한다).라는 문장을 살펴보면 '누구에게'에 해당하는 부분이 직접 나오지 않지만, 문맥상 '모두에게'라던지 '내게'로 그 대상을 짐작할 수 있다.

이와는 반대로, '무엇을'에 해당하는 부분을 생략한 문장을 보자. See? I told you before.는 '봐, 전에도 너에게 (이렇게 되리라고) 말했지?'라는 의미로, 이 문장에서는 전에도 "말했다(전달했다)"라는 '행위'가 중요하지, '무엇을'에 해당하는 '말한 내용'은 중요하지 않다. 만약 이 문장을 See? I said that before.라고 하면 한국어 해석은 같으나, 무게 추는 이전에 말한 '내용'에 있는 것이다.

이제 '말하다'의 뜻을 가진 네 동사의 차이를 알겠는가? 이 어휘들의 **CORE ◎** 를 익힘으로써 지금까지는 모호했던 단어를 확실히 구분하게 되었을 것이다. 이해가 되면 자신 있게 사용할 수 있다.

● '보다' 동사의 구분

'말하다' 동사 다음으로 **보다**의 뜻을 가진 동사(see, look, watch)에 관해서도 알아보겠다. CORE를 모르면 이 세 동사를 단순히 '보다'로만 번역하게 된다. 이래서는 '보다'에 해당하는 동사를 올바르게 구분하여 사용할 수 없다.

● see의 CORE

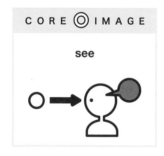

see의 **CORE ◎** 는 **'눈에 들어오다'**이다. 옆의 **CORE ◎ IMAGE** 를 보면 **시야에 물체가 포착되어 눈을 통해 정보가 들어오는 것**을 나타내는 화살표가 그려져 있다.

○ I can't see a thing in this fog.
　이렇게 안개가 껴서야 아무것도 볼 수 없다.

예문에는 안개 때문에 '사물이 하나도 눈에 들어오지 않는' 상황이 드러나는데, 눈에 들어온다는 것은 '목격하는' 것을 의미한다. I saw her crossing the street while the light was red(나는 신호등이 빨간불일 때 그녀가 길을 건너는 것을 봤다).라는 문장은 동사 see의 CORE를 드러내는 좋은 예문이다.

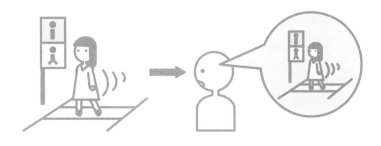

또한 '제대로 시야에 들어오다→끝까지 보다'라는 의미로 see를 자주 사용한다. Have you ever <u>seen</u> an egg hatch(달걀이 부화하는 것을 본 적이 있는가)?와 같은 문장이 좋은 예이다.

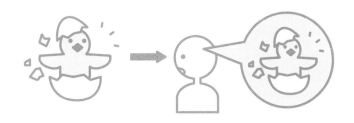

뭔가를 알게 되었을 때 Oh, I <u>see</u>(아, 알겠어요)!라고 말하는데, 이것은 see가 '눈에 들어오다→머리에 인식되다→이해하다'로 의미가 확장, 전개됨을 보여 주는 것이다. 이 의미의 see는 대화할 때도 자주 쓰인다. 말끝을 올리면서 You <u>see</u>?라고 하면 '알겠어?'라는 뜻이고, 외국인에게 무언가를 설명했는데 상대방이 I <u>see</u> what you mean.이라고 말했다면 제대로 설명한 것이다. 이 문장은 '당신이 이야기하고자 하는 바를 (제대로) 이해했어요'라는 뜻이기 때문이다. You will <u>see</u>(곧 알게 될 거예요).라든가 We'll <u>see</u>(기다려 봅시다/곧 알게 되겠죠).라는 표현 또한 일상에서 자주 쓴다. 이처럼 see를 제대로 사용할 수 있느냐 없느냐에 따라 표현의 폭이 달라진다.

동사 see를 활용한 재미있는 표현을 하나 소개하고자 한다. 영어 원어민들은 '친구 이상 연인 미만'의 사이, 즉 '썸타는' 사이를 see의 진행형으로 표현한다. 예를 들어, I am seeing Jack.이라고 말하면 'Jack과 친구 이상 연인 미만의 관계'라는 뜻이다(그런데 미국에서는 이런 관계에서도 키스하거나 자연스럽게 손도 잡는다).

예를 들어, 카페 안에서 어떤 사이 좋아 보이는 커플이 꽁냥꽁냥하고 있다고 상상하자. 그 모습을 보고 A가 해당 커플을 잘 아는 B와 대화를 나눈다.

> **A**   Are they going out?
> 저 둘은 사귀는 사이야?
>
> **B**   No, no, no. They're just seeing each other.

B의 대답을 통해서 그 커플이 최근 들어 좋은 관계로 발전하기 시작해서 친구 이상의 관계가 됐지만, 아직 본격적으로 사귀는 단계는 아니라는 것을 알 수 있다.

They are seeing each other.
친구 이상 연인 미만

see라는 단어가 연애 관련 표현으로도 쓰인다는 점이 재미있지 않은가?

look의 CORE ◎ 는 '시선이 (어느 방향으로) 향하다'이다.

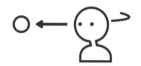

CORE ◎ IMAGE

look

○ She looked at the poster on
the wall.

그녀는 벽에 붙은 포스터를 쳐다보았다.

예문은 '시선의 방향이 포스터에 향하는' 동작을 나타내고 있다. 상대방의 시선을 어딘가로 향하게 하고 싶을 때 동사 look을 사용하면 된다. Look, here she comes.는 '저기 봐. 그녀가 오고 있어'라는 뜻이다.

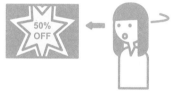

She looked at the poster on the wall.　　　　Look, here she comes.

look의 CORE ◎ 가 '시선이 (어느 방향으로) 향하다'이므로 '어디에(시선이 향하는)'에 관한 정보(장소)가 반드시 필요하다. 영어로 '장소에 관한 정보'를 표현할 때 흔히 전치사나 부사를 사용하는데, 이런 표현에는 look at(~에 눈을 향하다), look about/around(주위를 둘러보다), look into(~을 들여다보다), look back(되돌아보다), look up(위를 쳐다보다), look for(~을 찾다) 등이 있다. I am looking forward to seeing you.는 '당신과 만날 것을 고대하고 있다'라는 의미의 문장인데, '당신을 볼 일(seeing you)의 방향(to)을 향해(forward) 눈/시선이 향하다(looking)'에서 look forward to가 '고대하다'라는 뜻임을 알 수 있다. look up to(존경하다), look down on(경멸하다) 등 look이 들어간 다양한 숙어도 look의 '시선의 방향/시선을 주는 방법'과 관련지어 생각하면 의미를 쉽게 이해할 수 있다.

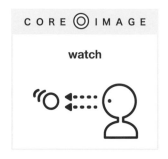

마지막으로 watch의 **CORE ◎** 는 **'일정 기간, 움직임이나 변화를 지켜보다'**이다. 'TV를 보다'를 영어로 표현할 때 왜 동사로 watch를 쓸까? 그 이유는 지켜보고 있는 대상이 TV 기계가 아니라 **TV에 방영되고 있는 프로그램 화면의 변화**이기 때문이다. 만약 프로그램을 보는 것이 아니라 기계 자체를 보고 있는 것이라면 watch 대신 look을 써야 한다. 예를 들어, 가전 매장에 친구가 있는데 '그녀가 TV(기계)를 쳐다보았다/TV로 눈을 돌렸다'라고 말하고 싶으면 She looked at a TV.라고 한다.

bird watching(들새 관찰)이라는 말은 어떤가? 새는 움직이는 동물이고, 그 **움직임을 지켜보는** 것이므로 bird watching이라고 하는 것이다. 그러나 bird watching 중이라도 누군가 옆에서 Hey! Look at the blue bird on the top of that tree(저 나무 꼭대기에 있는 파랑새 좀 봐)!라고 말하면 그 말에 따라 시선이 옮겨질 것이다. 즉, **시선의 방향이 어딘가로 향할** 때는 look을 쓴다. 이제 watch와 look의 차이가 이해될 것이다.

새의 '움직임을 지켜보는' bird watching

다른 예를 하나 더 들겠다. 여행 도중 화장실이 급해서 마침 옆에 서 있는 사람에게 "잠시만 이 가방을 봐 주시겠어요?"라고 부탁하고 싶다. 그때는 뭐라고 말하면 될까? Could you please <u>watch</u> this bag for a minute?이라고 표현할 수 있다. "가방은 움직임이 없어요!"라고 따지고 싶을 수도 있다. 하지만 이 상황은 상대방에게 '(어떤 외부 요인에 의해) 가방에 움직임이 있는지 없는지'를 지켜봐 달라고 하는 것이므로 watch를 쓰는 것이 적절하다.

움직임이 있는지 없는지 지켜보는 것이므로 이 경우에도 watch가 적절하다

이처럼 뜻이 비슷한 단어가 많아도, 단어의 CORE를 알면 구분해서 사용하기 어려운 단어들도 적절하게 쓸 수 있게 된다.

● CORE 학습의 2대 원칙

CORE 학습에서 가장 중요한 것은 다음 두 가지 원칙이다.

> ① 형태가 다르면 의미도 다르다.
> ② 형태가 같으면 공유하는 본질적인 의미가 있다.

① 원칙에서 '형태가 다르다'는 것은 단어 자체가 다름을 의미한다. see, look, watch를 보면 단어의 형태(철자)가 다르다. **단어가 다르면 당연히 의미도 다르다.** '보다'에 해당하는 동사들을 살펴봤을 때 각 동사의 CORE가 다르기 때문에 이 동사들은 **비슷한 뜻인 것 같지만 의미하는 바가 다르다**는 것을 깨달았을 것이다.

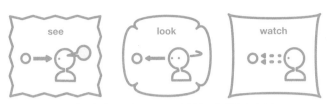

형태가 다르면 의미도 다르다 ➡ 동일한 '보다'의 뜻이 아니다

② 원칙을 이해하기 위해서는 동사 put의 예를 떠올려 보자. put은 맥락에 따라 다양하게 번역되지만, **'무엇을 (움직여서) 어디에 두다'**라는 그 본질적인 의미는 달라지지 않는다. 이것이 바로 **CORE**다. **'형태가 같으면 공유하는 본질적인 의미가 있다'**라는 원칙을 염두에 두고 영어 단어를 공부하면 단순 암기하는 것에 비해 훨씬 효율적으로 학습할 수 있다.

이제 영어의 기본어휘를 한국어 어휘에 일대일로 대응하여 학습하는 것이 얼마나 비효율적이며, 영어 단어를 공부할 때 어휘의 CORE를 이해하는 것이 얼마나 중요한지도 깨달았을 것이다. 기본어휘의 CORE를 확실하게 이해하면 표현의 폭이 비약적으로 확장된다. 기본어휘의 CORE를 아느냐 모르냐에 따라 영어를 원어민처럼 적절하게 표현할 수 있는지 없는지가 결정된다.

SECTION 3

전치사에도 CORE가 있다

이해하기 어려운 on과 in

전치사의 CORE

put, speak, watch 등 동사뿐 아니라 전치사에도 CORE가 있다. 사실, 전치사
야말로 CORE를 이해하지 않으면 제대로 활용할 수가 없다. 예를 들면, '~위
에'라는 뜻은 전치사 on의 수많은 뜻 중 하나일 뿐이다. 'in=~안에' 또한 마찬
가지이다. 이번에는 전치사 중에서도 on과 in을 중점적으로 살펴보면서 이들의
C O R E ◎ 를 설명하겠다.

on의 CORE

사전에서 on을 찾으면 수많은 뜻이 나열된 것을 볼 수 있다. 예전에는 '~위에'라
는 on의 첫 번째 뜻을 포함해 그 많은 뜻을 무턱대고 외우려고 했을 것이다. 이것
은 정말 비효율적인 학습법이다. 전치사 on의 CORE만 알면 된다.

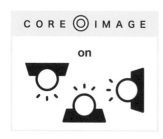

on의 **CORE ◎** 는 **'접촉한'**이다. 이것을 알면 on의 다양한 의미가 놀랄 만큼 단순하게 정리된다. 옆의 **CORE ◎ IMAGE** 에서 볼 수 있듯, on은 **'접촉한'** 상황을 나타낸다.

○ I found a fly <u>on</u> the ceiling.
　　나는 천장에 붙어 있는 파리를 발견했다.

'접촉'의 on

천장에 머무르다 ➡ 천장과 접촉하다

이 예문에서는 파리가 천장에 '붙어' 있으므로 전치사 on을 썼다. 만약 'on=~위에'라고 한 가지 뜻으로만 외웠다면 이 문장을 해석하기 어려울 것이다. 여기서는 파리가 천장 표면에 '접촉한' 상태이기 때문에 on을 쓴 것이다. You should put this poster <u>on</u> the wall(이 포스터를 벽에 붙여야 해).이라는 문장에서도 on을 쓴다. 포스터가 벽과 '접촉'하기 때문이다.

'접촉'의 on

벽에 붙이다 ➡ 벽과 접촉하다

물론, on의 **CORE ◎** 인 **'접촉한'**에서 여러 다른 의미가 파생된다. 예를 들어, the ring <u>on</u> her finger는 '그녀가 손가락에 낀 반지'라는 표현이고, a fish <u>on</u> the hook은 '낚싯바늘에 걸린 물고기'이다. 그러나 중요한 것은 **on의 CORE를 아는 것**이다. on의 **CORE ◎** 인 **'접촉한'**을 기억하자.

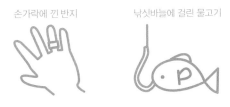

손가락에 낀 반지　　　닞싯바늘에 걸린 물고기

on의 다양한 사용과 관련해 유학 중에 겪은 에피소드를 하나 소개하려고 한다.
수업을 듣다가 친해진 친구와 펍에서 가볍게 한잔 마시고 집으로 가는 길이었다.
그 친구는 살짝 술에 취해 통통 팅기듯이 걸으며 이렇게 말했다.

○　　I want to fly on an umbrella.
　　　우산으로(우산에 매달려) 하늘을 날고 싶어.

당시 필자는 속으로 'on을 이렇게도 쓸 수 있구나'라고 감탄했다. '우산을 가지고'
와 같이 '도구'로서의 의미를 강조하고 싶다면 with an umbrella라고 하면 된다.
그러나 친구는 전치사 on을 썼다. 친구는 '우산과 본인이 접촉한' 상황에 초점을
맞춘 것이다.

한국어로는 쉽게 상상이 안 되는 on의 용법

← on되어 있다

'on=~위에'로만 외우고 있다면 위의 예문은 정말 이해하기 어려운 문장이다. 위,
아래의 관점에서 보면 말하는 사람은 우산 '아래에' 있기 때문이다. 전치사 on을
항상 '접촉한'으로 기억해야 하는 이유이다.

여기서 응용문제를 하나 풀어 보자. 닭꼬치를 만드는 방법을 설명하는 짧은 글을 밑줄 친 단어의 **C O R E ◎** 를 떠올리며 해석해 보자.

---

① Cut some chicken into bite-sized cubes. ② Put the cubes <u>on</u> skewers. You can <u>put</u> a slice of leek between each cubes if you like. ③ <u>Cook</u> the skewers <u>on</u> a grilling net, for about 10 minutes, and baste them with sauce.

*skewer 꼬치   leek 파   baste 양념장을 바르다

---

① 닭고기를 한입 크기로 자른다. ② 자른 닭고기를 꼬치<u>에</u> <u>꽂는다</u>. 기호에 따라 닭고기 사이사이에 파를 <u>끼워 넣어도</u> 좋다. ③ 꼬치를 철망 <u>위에서</u> 약 10분간 <u>구운</u> 후, 소스를 바른다.

이렇듯 '(꼬치에) 꽂다', '(사이에) 끼우다', '굽다'와 같은 말도 기본어휘인 put이나 cook으로 간단히 표현할 수 있다. 앞에서 말했지만, 영어가 모국어인 사람들이 평소 나누는 대화의 80%는 기본어휘로 이루어진다. '꼬치에 꽂다'를 표현하는 데에는 put과 on을 쓰는 것으로 충분하다. '닭고기를 꼬치와 접하도록 위치시키다'이므로 '닭고기를 꼬치에 꽂다'라는 의미가 된다.

지금까지는 물리적인 접촉에 관해 설명했다. 이제 좀 더 복잡한 on의 용법을 살펴보자. **'접촉한 듯한 느낌'**이다.

○ The children depend <u>on</u> their mother.

> 아이들은 자기 엄마를 의지한다.

예문을 보면 '~에 의지하다'를 depend on으로 표현했다. 누군가에게 '의지하는' 것은 그 사람에게 기대 있는 듯 '꼭 붙어 있는' 이미지를 연상시킨다. 그렇기 때문에 on을 쓴 것이다.

'접촉'의 on

엄마에게서 떨어지지 않으려고 꼭 붙어 있다
➡ on하고 있다

'일이 예정대로 진행되고 있다'는 영어로 We are just <u>on</u> schedule.이라고 한다. on schedule의 이미지를 머릿속에 그리면 '일정표에 올라와 있는' 장면이 그려질 것이다. We live <u>on</u> rice.는 '쌀과 접하여 산다→식생활의 기반이 쌀이다→밥을 주식으로 한다'로 해석한다. 식사를 마치고 계산대 앞에서 That's <u>on</u> me!라고 하면 '내가 계산서에 접해 있다→이 계산은 내게 의존해도 된다→내가 낼게'라고 해석된다.

That's on me!

← on하고 있다

계산서에 (누군가가) 접하고 있다 ➡ on하고 있다

in은 on과는 다른 **C O R E ◎ I M A G E**를 가진다. in의 **C O R E ◎** 는 **'공간 안에'**이다.

이 정도는 다 아는 사실이라고? 분명히, in을 '~안에'라고 배우기는 했을 것이다. 그러나 중요한 것은 **'공간'**이라는 이미지를 명확히 가지고 있느냐다. There are a lot of oranges in the box(상자 안에 오렌지가 가득 들어 있다).의 in은 누구나 아는 전형적인 in으로, 이때는 'in=~의 안에'라고 해석해도 전혀 문제가 없다.

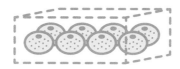

상자라는 '공간' 안에 있다 ➡ in하고 있다

그러나 다음과 같은 경우에는 이야기가 달라진다. '그녀는 빗속을 달리고 있다'를 영어로 어떻게 표현할까? She is running in the rain.이다. 원래 비는 공간으로서의 경계가 없다. 그러나 영어 원어민은 **비가 내리는 '공간' 안에 있다**고 느낀다. 그래서 전치사 in을 쓰는 것이다. 이처럼 공간의 경계가 명확하지 않은 상황에도 영어 원어민은 in을 쓴다.

빗속이라는 '공간' 안에 있다 ➡ in하고 있다

My son found a grasshopper in the grass(아들이 수풀 속에서 메뚜기를 찾아냈다).라는 문장에서도 수풀을 '공간'으로 인식하여 in을 사용했다. 또한, 한국인에게는 '동쪽'과 같은 막연한 **방향**도 영어 원어민은 '동쪽이라는 공간'으로 인식한다. 그래서 '태양은 동쪽에서(부터) 뜬다'를 영어로는 The sun rises in the east.라고 하는 것이다. 한국인은 in the east 대신 from the east라고 하기 쉽다. 이 문장을 보면 영어 원어민은 태양의 '이동 경로'가 아니라 동쪽이라는 '공간'에서 sun-rising(일출)이 일어나는 현상에 초점을 맞춘다는 것을 알 수 있다.

동쪽이라는 '공간'에서 해가 뜬다
➡ in하고 있다

그러나 여기까지만 보면 'in=~안에'로 이해해도 문제없다고 생각하는 사람도 있을 수 있다. 그런 사람에게 아래 예문은 어떻게 해석할지 묻고 싶다.

○ I looked at an old vase in the corner of the room.
나는 방구석에 있는 낡은 꽃병을 쳐다보았다.

영어식 사고

영어식 사고는 corner를 '공간'으로 인식한다

한국에서는 '구석 안에'라는 표현은 쓰지 않는다. 그러나 영어 원어민은 '구석'을 '공간'으로 인식하기 때문에 in the corner라고 한다. 그리고 '나무 그늘에 있는 저 여자가 누군지 아세요?'는 Do you know that lady in the shadow of the tree?라고 묻는다. 나무 그늘을 **공간**으로 보기 때문에 전치사 in을 쓰는 것이다.

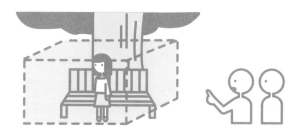

● 눈앞에 있는 공간을 나타내는 in

흔히 눈앞에 펼쳐진 '공간'을 나타낼 때 in을 쓴다. Are you in line?은 무슨 뜻일까? 버스정류장 같은 곳에서 사람들이 서는 '줄'을 영어로 line이라고 하는데, 영어 원어민은 이런 줄을 '공간'으로 인식한다. 따라서 Are you in line?은 '당신은 줄이라는 공간 안에 있나요?', 즉 '줄을 서신 건가요?'라는 뜻이다. 이렇게 전치사 in이 가진 **'공간 안에'**라는 감각을 확실하게 익히려면 더욱 유연하게 '공간'을 인식해야 한다.

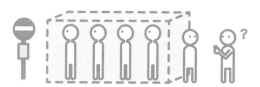

line(줄)이라고 하는 '공간' 안에 있다 ➡ in하고 있다

눈앞에 펼쳐진 '공간 안에'에 사용되는 in을 이해하게 되면, 지금부터 다루려고 하는 in의 용법도 쉽게 이해할 수 있다. 친구들과 차를 타고 약속 장소로 향하는 중에 어디까지 왔는지 확인하는 전화가 와서 다음처럼 말했다고 하자.

○ I'm sorry, I know we're late... but a taxi is in our way.
　미안. 늦은 것은 알고 있는데, 택시 한 대가 우리 길 앞을 막고 있어.

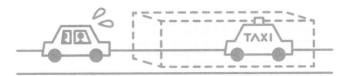

진행 방향이라는 '공간'을 가로막고 있다 ➡ in하고 있다

예문의 our way를 '우리가 가는 길'이라고 볼 때, 택시가 그 '공간 안에' 있는 상황이다. 어떤 문제가 발생해서 택시가 멈춰서 있는 상황일 것이다. 그래서 이 예문은 '앞으로 가고 싶은데 못 가고 있다'라는 뉘앙스를 전달한다.

만약 전치사 in 대신 on을 써서 The taxi is <u>on</u> the way.라고 하면 어떤 의미가 될까? 답은 '택시가 순조롭게 가고 있다'이다. the way를 '목적지까지 도달하는 길'이라는 관점에서 '선'으로 보고, 택시가 그 선에 **'접촉한'** 상황이므로 '순조롭게 가고 있다'라는 의미가 된다. 따라서 어디쯤 왔는지 확인하는 전화를 받고 We're <u>on</u> the way.라고 답했다면 '가고 있다'라는 의미이다. way를 '공간'으로 보느냐 '선'으로 보느냐에 따라 사용하는 전치사가 달라지고, 그 의미도 달라진다.

진행 방향인 선에 '접하고' 있다 ➡ on하고 있다

어떤 일의 과정을 '선'으로 보고 '선에 접하다→그 선을 따라 순조롭게 진행 중이다'라는 의미를 나타낼 때 흔히 전치사 on을 쓴다. on a diet(다이어트 중), on duty(근무 중), on strike(파업 중) 등이 그 용법을 나타내는 대표적인 표현이다.

● (앞으로의) 시간을 나타내는 in

다시 in으로 돌아가자. 앞에서는 Nothing is in my way(내 눈앞의 공간 안에서 방해하는 것은 전혀 없다).와 같은 문장에 써야 적합한 전치사 in의 용법을 살펴보았다. 이것을 '**시간**'이라는 공간에 응용하면 '**경과 시간**'을 나타내는 전치사 in의 용법이 된다. 예를 들어, "난 한 달 뒤에 돌아올 거야"라는 문장은 영어로 I'll be back in a month.라고 표현한다. 말하는 시점으로부터 돌아오는 시점까지를 계산하여 그 사이에 펼쳐지는 기간이 '1개월'인 것이다. 그렇다면 영어로 "3시간 이내로 그걸 끝내야 해!"는 어떻게 말할까? You must finish it in three hours!라고 한다. '**눈 앞에 펼쳐진 공간 안에**'라는 개념을 응용하면 '**경과 시간**'을 나타내는 전치사 in 의 용법을 이해하기 어렵지 않을 것이다.

● 심리적 공간을 나타내는 in

in은 '물리적 공간', '시간적 공간' 뿐만 아니라, '**심리적 공간**'을 나타낼 때도 쓸 수 있다. I fell in love with Cathy(나는 케이시와 사랑에 빠졌어).는 이러한 in의 용법을 잘 보여 주는 표현이다. love를 눈에 보이지는 않지만 '심리적 공간'으로 인식하고 있음을 알 수 있다. If she is in difficulty, we should go and help her now(만약 그녀가 곤란한 상황이라면 우리는 지금 바로 가서 그녀를 도와야 한다).에서도 마찬가지이다. Short skirts are in fashion now(최근에 미니스커트가 유행하고 있다).에서도 미니스커트가 fashion(유행)이라는 '심리적 공간' 안에 있다고 함으로써 '유행하고 있다'라는 뜻을 드러낸다.

● 문법의 CORE는?

이제 PART 1 을 마무리하려고 한다. '영어식 사고'가 무엇인지 감이 잡히는가? PART 1 에서는 주로 영어와 한국어가 일대일로 대응하지 않는다는 것과 어휘의 CORE를 파악하는 것이 중요하다는 점을 설명했다. 또한, '①**형태가 다르면 의미도 다르며** ②**형태가 같으면 공유하는 본질적인 의미가 있다**'고 한 CORE

학습의 2대 원칙도 다뤘다.

그렇다면 '문법에도 CORE가 있지 않을까?'라는 의문이 들 것이다. 결론부터 말하자면 당연히 **있다**. 그리고 문법의 CORE를 설명하는 것이 이 책의 핵심이다. 예전에는 현재진행형을 공부할 때 '지금 ~을 하고 있다'라는 의미이지만 예외적으로 '미래'를 나타내기도 한다고 외웠을 것이다. 현재완료형의 '완료/결과/경험/계속'의 용법, 방대한 to부정사의 용법과 의미 등을 무턱대고 외우고 그 지식을 머리에 새기려고 연습문제도 어마어마하게 풀었을 것이다. 그렇게 들인 시간과 노력이 무의미하다고 말하고 싶지 않다. 하지만 분명히 말할 수 있는 것은 **문법의 CORE를 알게 되면 문법을 더 쉽게 이해하고, 올바르게 활용할 수 있다**는 점이다. PART 2 에서부터 문법의 CORE를 본격적으로 배워 보자.

CORE는 문맥에 좌우되지 않는다 – go와 come

"저녁 준비 다 됐어(Dinner is ready)!"라는 부름에 "지금 가요"라고 답할 때 I'm coming.이라고 한다. '가다'인데 왜 동사 come을 쓸까?

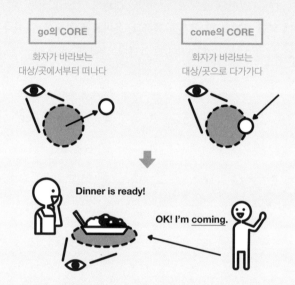

go의 CORE

화자가 바라보는
대상/곳에서부터 떠나다

come의 CORE

화자가 바라보는
대상/곳으로 다가가다

Dinner is ready!

OK! I'm coming.

이 대화에서 화자의 시점이 놓인 대상은 바로 dinner이다. 여기에 가까이 다가가므로 come을 쓰는 것이 맞다.

➡ 물리적으로 '멀어지다', '다가가다'가 아니더라도 '멀어지는 느낌'이면 go,
'다가가는/다가오는 느낌'이면 come이다.

She went mad.
그녀는 엄청 화가 났다.

바람직한 평온한
일상 상황에서 멀어짐

Dreams come true.
꿈은 이루어진다.

바람직한 상황(꿈)에 가까워짐

PART 2

복잡했던 시제도
CORE로 쉬워진다

PART 2에서는 '시제'를 배운다. 영어 교과서나 문법서에서 배운 시제 규칙에 얽매여 정작 시제를 올바르게 쓰지 못하는 사람이 의외로 많다. 시제의 CORE를 제대로 이해하여 알맞게 구사해 보자.

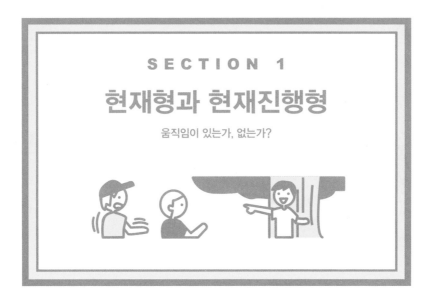

SECTION 1

현재형과 현재진행형

움직임이 있는가, 없는가?

● 현재형과 현재진행형의 차이는?

PART 1 에서는 영어 단어의 CORE에 초점을 두고 설명했다. 지금부터는 이 책의 핵심 주제인 영문법의 CORE를 살펴볼 것이다. PART 2 에서는 시제를 다룬다. 시제는 '어떤 일이 발생한 시간상의 위치를 나타내는 문법 요소'인데, 의외로 시제를 어려워하는 사람이 무척 많다. 그러나 '현재형, 현재진행형, 과거형, 현재완료형'의 CORE만 알아도 시제의 어려움은 대부분 해소된다. SECTION 1 에서는 현재 시제를 표현하는 '현재형'과 현재진행 시제를 표현하는 '현재진행형'의 CORE를 배울 것이다. 우선, 아래의 퀴즈부터 풀어 보자.

 A

> 다음 문장은 오케스트라 지휘자가 플루트 연주자에게 한 말이다. 바르게 해석하시오. ♀정답 p.64
>
> Oh, flute! You <u>are playing</u> so loudly today. Why? You usually play much more carefully.

〇정답 p.66

다음 중 사귀는 사람에게서 들었을 때 기분이 좋은 말은 무엇일까?

① You <u>are</u> kind.

② You <u>are being</u> kind.

지금은 이 퀴즈들이 어려울 수 있다. 그러나 지금부터 설명할 현재형과 현재진행형의 CORE를 확실히 이해하면 바로 답을 구할 수 있을 것이다.

● 현재 시제는 '지금'이 아니다

"현재 시제는 무엇인가?"라는 질문에 사람들 대부분은 "지금 벌어지는 일 또는 현재의 상태를 표현할 때 쓰는 시제"라고 답할 것이다. 조금 더 깊게 학습한 사람이라면 "현재 시점에서의 습관도 현재 시제로 나타낸다"라고 대답할 것이다. 그러나 현재 시제의 개념을 이렇게 모호하게 가지고 있으면 다음과 같은 문제를 제대로 풀기 어렵다.

다음 대화의 밑줄 친 부분을 현재형으로 쓴 이유를 설명하시오. 〇정답 p.59

A(승객)　What time <u>does</u> this train <u>leave</u>?

B(역무원)　Ah... it <u>leaves</u> in 2 minutes. Don't worry.

A　기차가 몇 시에 출발하나요?

B　음…. 2분 후면 출발합니다. 염려 마세요.

기차가 출발하는 것은 '미래'의 일인데 왜 현재형으로 썼을까?

먼저, 기존 문법서에서 현재 시제에 관해 어떻게 정리하는지 보자.

1. 현재의 일을 나타내고, 동사의 현재형으로 표현한다.
2. ⓐ 현재 습관 ⓑ 불변의 진리 ⓒ 일반적인 사실 등을 나타낼 때 사용한다.
3. 예외적으로 미래를 나타내는 상황(출발, 도착 등)에도 쓴다.

이런 내용을 아는 정도로 현재 시제를 이해한다고 할 수 없다. 이번에야말로 현재 시제의 본질을 제대로 파악해 보자. 현재 시제는 현재형의 CORE를 알면 된다. **현재형의 CORE ◎ 는 '현재를 기준으로 움직임이나 변화가 없다'**이다.

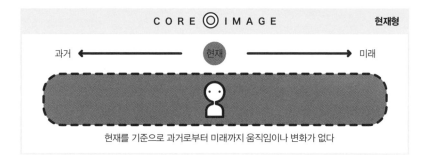

현재를 기준으로 과거로부터 미래까지 움직임이나 변화가 없다

이 CORE만 제대로 이해하면 더 이상 현재 시제는 어렵지 않다. 기존처럼 'ⓐ 현재 습관, ⓑ 불변의 진리, ⓒ 일반적인 사실' 등 어려운 문법 규칙을 암기하지 않아도 되는 것이다. **'현재를 기준으로 움직임이나 변화가 없다'**라는 현재형의 CORE가 현재 시제를 이해하는 열쇠이다.

● 현재형 – '움직임이나 변화가 없다'

'그녀의 눈동자는 아름다운 푸른색이다'를 영어로 She has beautiful blue eyes. 라고 한다. 푸른 눈동자 색깔은 '항상 변하지 않으므로' 현재형 CORE ◎ 와 정확하게 맞아떨어진다. I like music very much.라는 문장에는 '과거에도, 지금도, 앞으로도 변함없이 음악을 좋아할 것이다'라는 뜻이 내포되어 있다. 꼭 '현재'에 국한된 이야기가 아니다.

이것을 이해했으면 아래 문장의 빈칸에 ①~③ 중 무엇이 들어가야 할지 풀어 보자.

Everyone [　　　] that smoking affects your health.

① know　　　　　　② is knowing　　　　　　③ knows

'흡연이 건강에 영향을 끼친다는 것을 모든 사람이 안다'라는 의미의 문장인데, 정답은 무엇일까? 답은 ③이다. '모든 사람이 안다'라는 부분에서 어떠한 **움직임이나 변화**가 느껴지는가? 그렇지 않을 것이다. 그렇기 때문에 동사를 현재형으로 써야 하는 것이다(주어인 everyone이 3인칭 단수이기 때문에 ③ knows여야 한다). 물론, 이 문장의 내용도 '지금/현재'에만 국한된 것이 아니다.

그렇다면 TRADITIONAL WAY 에서 설명한 ② 'ⓐ 현재 습관, ⓑ 불변의 진리, ⓒ 일반적인 사실'은 왜 나온 것일까? 다음 예문들을 보며 알아보자.

② ⓐ **현재 습관**

○　She often <u>plays</u> the trumpet on that hill after school.

　　그녀는 방과 후 종종 저 언덕에서 트럼펫을 분다.

과거 ←　　　　　　현재　　　　　　→ 미래

② ⓑ **불변의 진리**

○ Water <u>freezes</u> at zero degrees Celsius.
물은 섭씨 0도에서 언다.

② ⓒ **일반적인 사실**

○ Cars <u>keep</u> right in the U.S.
미국에서 자동차는 우측통행을 한다.

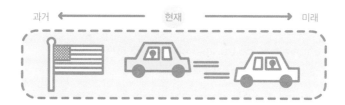

현재형의 **CORE** ◎ 를 바탕으로 이 세 가지 예문을 살펴보면, 'ⓐ 현재 습관, ⓑ 불변의 진리, ⓒ 일반적인 사실'이 모두 **현재를 기준으로 움직임이나 변화가 없다**'라는 현재형의 **CORE** ◎ 에 해당하는 규칙임을 알게 된다.

ⓐ 예문은 '지금 언덕 위에서 연주하고 있다'라는 현재 벌어지고 있는 일을 표현하는 문장이 아니다. '방과 후에 언덕 위에서 트럼펫을 부는 **습관이 있다**'라는 의미이다. 언제나 변하지 않기 때문에 **습관**인 것이다. 따라서 동사의 현재형을 쓴다.

ⓑ와 ⓒ 예문도 마찬가지다. '물은 섭씨 0도에서 언다'라든가 '미국에서는 자동차가 우측통행을 한다'라는 것은 **현재를 기준으로 움직임이나 변화가 없는**' 사실이다. 그러므로 현재형을 쓰는 것이다.

현재 시제에 관한 흥미로운 예문을 하나 보자. 영국에서 출판된 전 세계적으로 유명한 문법책 〈English Grammar in Use〉에서는 현재 시제를 설명하며 일러스트와 함께 다음 예문을 소개했다.

○ He is not driving a bus. He drives a bus.

English Grammar in Use (Cambridge University Press)

예문을 해석하면, 첫째 문장은 '그는 (지금) 버스를 운전하고 있지 않다'이고, 둘째 문장은 '그는 (습관적으로) 버스를 운전한다'로, 다시 말하면 '그는 버스 운전사이다'라는 뜻이다. 제시된 일러스트가 현재형으로 표현되는 현재 시제의 특징을 잘 드러내고 있다. 이 사람이 **지금은** 잠을 자고 있지만, 동사의 현재형 drives를 사용함으로써 버스를 운전하는 **습관**이 있음을 나타내고 있다. 침대 옆에 있는 사진이나 걸어 놓은 모자 또한 잠자고 있는 사람이 '(버스)운전사'임을 드러낸다. 현재 시제의 본질이 '**지금 벌어지고 있는 일**'**을 나타내는 것이 아님**을 보여 주는 일러스트이다.

그렇다면 55쪽의 를 다시 살펴보자.

다음 대화의 밑줄 친 부분을 현재형으로 쓴 이유를 설명하시오.

A(승객)   What time does this train leave?

B(역무원)   Ah... it leaves in 2 minutes. Don't worry.

A   기차가 몇 시에 출발하나요?

B   음…. 2분 후면 출발합니다. 염려 마세요.

이제 A와 B가 왜 저렇게 말했는지 이해될 것이다. 의 답은 〈기차의 출발 시각은 정해져 있기 때문〉이다. 이것은 '**현재를 기준으로 움직임이나 변화가 없다**' 라는 현재형의 **C O R E** ◎ 를 생각하면 쉽게 알 수 있다.

맥락상으로는 '미래'지만, 일반적으로 기차의 출발과 도착 시각은 이미 **정해져 있고 변동이 없는 일정**이다. 그렇기 때문에 동사를 현재형으로 써서 '기차가 몇 시에 출발하나요?', '2분 후면 출발합니다'라고 앞으로 벌어질 일을 표현하는 것이다. 이처럼 말하는 사람이 **'움직임이나 변화를 느끼지 못하는'** 경우라면 **미래의 상황에 관한 것이라고 해도 현재형(현재 시제)을 쓸 수 있다.**

마지막으로, 현재형의　C O R E ◎ 를 염두에 두고 아래 예문들을 읽어 보자.

○ We <u>live</u> in Busan.
　우리는 부산에 산다.

○ I <u>love</u> chocolate.
　나는 초콜릿을 좋아한다.

과거 ◀━━━━━━━ 현재 ━━━━━━━▶ 미래

○ He always <u>makes fun</u> of the children.
　그는 언제나 아이들을 놀린다.

○ It <u>rains</u> a lot in July in Korea.
　한국은 7월에 비가 많이 내린다.

○ Light <u>travels</u> faster than sound.

　빛은 소리보다 빠르게 이동한다.

○ The train <u>leaves</u> Seoul at 9:21 and arrives at Daejeon at 10:20.

　기차는 9시 21분에 서울을 출발하여 10시 20분에 대전에 도착한다.

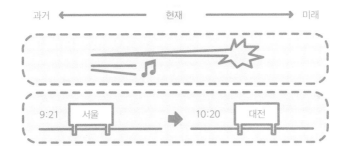

○ What do you <u>do</u>?

　◎ 당신이 변함없이 하는 일은 무엇입니까?

　당신의 직업은 무엇입니까?

○ What do you <u>do</u> for fun?

　◎ 당신이 즐기기 위해 변함없이 하는 것은 무엇입니까?

　당신의 취미는 무엇입니까?

● 현재진행 시제 – '지금 ~을 하고 있다'만을 나타낸다?

이제 현재진행 시제로 넘어가자. **현재진행 시제**는 현재진행형, 즉 'is/am/are+동사ing'의 형태로 표현한다. 기존의 영어 문법서를 보면 현재진행 시제에 관해

'~하고 있다'로 해석하라고 가르치는 것이 대다수다. 또한 **'상태동사는 진행형으로 쓸 수 없다'**라고 가르치기에 상태동사만 별도로 정리해서 달달 외운 사람들도 있을 것이다. 우선, 기존에는 현지진행 시제를 어떻게 가르쳤는지 살펴보자.

TRADITIONAL WAY

1. '~을 하고 있다'로 해석하고, 'be동사+동사ing' 형태로 쓴다.
2. 현재 진행 중인 동작이나 일을 나타낸다.
3. 상태동사는 진행형으로 쓸 수 없다.
4. 확정된 미래의 일을 나타낼 수 있다.

TRADITIONAL WAY 의 내용도 부분적으로는 맞다. 그러나 이렇게 배워서는 현재진행 시제의 본질을 깨달을 수 없다.

● 현재진행형 – '움직이고 있다'

1970~80년대에 활약한 록밴드 Queen(퀸)의 노래 중에 "Don't stop me now. I'm having such a good time."이라는 가사가 있다. 그런데 이 가사에 나온 have 는 '상태동사'이다. 위의 TRADITIONAL WAY 를 보면 '상태동사는 진행형으로 쓸 수 없다'라고 나와 있는데, 규칙에 어긋난 것이 아닌가? 이것만 봐도 기존의 규칙으로는 현재진행 시제를 제대로 이해할 수 없다는 사실을 알 수 있다. 그렇다면 현재진행형의 CORE는 무엇일까? **현재진행형의** CORE ◎ **는 '시작했고 아직 끝나지 않은, 즉 계속 움직이고 있다'**이다.

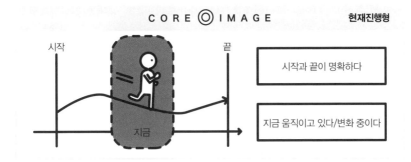

CORE ◎ IMAGE 를 보면 알 수 있듯이, 현재진행형은 '지금' 움직이고 있는 느낌을 준다. '**움직임이나 변화가 느껴지지 않는**' 현재형과 비교해 현재진행형은 '**바로 지금 움직이고 있거나 변하고 있는**' 이미지이다. 현재형을 사진, 현재진행형을 동영상이라고 보면 이해하기 쉬울 것이다. 현재형이 정지 장면을 보여 준다면 현재진행형은 동영상처럼 움직임을 보여 준다. 그리고 사진과는 달리 동영상에는 '시작과 끝'이 있다. 한 번 더 정리한다. 현재진행형의 **CORE ◎** 는 '**시작했고 아직 끝나지 않은, 즉 계속 움직이고 있다**'이다.

PART 2

1 She plays the clarinet every day.
   그녀는 매일 클라리넷을 분다.

2 She is playing the clarinet now.
   그녀는 지금 클라리넷을 불고 있다.

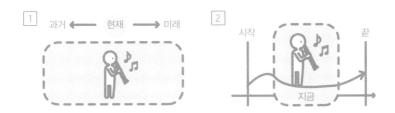

두 문장의 차이는 분명하다. 1은 현재형으로 쓰인 현재 시제 문장으로, **움직임이나 변화가 느껴지지 않는 '습관'**을 나타낸다. 이 문장에서는 주어인 she가 클라리넷을 '지금' 불고 있는지 아닌지는 중요하지 않다.

반면, 2는 현재진행형으로 쓰인 현재진행 시제 문장이다. 이 문장에서는 **움직임**

을 느낄 수 있다. 그녀는 클라리넷을 '불기 시작했고 아직 끝나지 않았다'. 다시 말하면, '(현재) **연주 중**'이라는 의미이다. 여기까지 이해되었다면 54쪽의 를 다시 보자.

[
다음 문장은 오케스트라 지휘자가 플루트 연주자에게 한 말이다. 바르게 해석하시오.

Oh, flute! You <u>are playing</u> so loudly today. Why? You <u>usually play</u> much more carefully.
]

앞의 You are playing so loudly today. 문장에서는 '**바로 지금 움직이고 있는**' 뉘앙스가 전해질 것이다. 다 같이 합주하는데 플롯이 '바로 지금 시끄럽게 연주하고 있는' 것이다.

현재진행형은 '일시적인 행위나 상태'임을 암시한다

뒤 문장 You <u>usually play</u> much more carefully.는 플루트 연주자가 평소에 훨씬 더 세심하게 연주한다는 **사실** 또는 **습관**을 말하고 있다. 이 문장에서는 '움직임'이 느껴지지 않을 것이다. 그러므로 의 답은 〈"플루트 연주자! 오늘 너무 시끄럽게 연주하고 있네요. 무슨 일이죠? 평소엔 훨씬 더 세심하게 연주하잖아요."〉가 된다. '바로 지금' 시끄럽게 연주하고 있는 플루트 연주자에게 '평소처럼' 세심하게 연주하라고 주문하는 말이다.

요약하자면, 지휘자는 현재진행형과 현재형을 구분하여 사용함으로써 플루트 연주자에게 '지금' 부는 방식과 '평소' 부는 방식이 다름을 지적하고 있다. 현재진행형의 '**바로 지금 움직이고 있는**' 느낌이 이해되는가?

그럼 다음 문장을 보자.

[전화를 받으며]

○ Sorry, but I'm still working. Can you call me later?

미안. 아직 업무 중인데, 나중에 다시 전화해 줄래?

이 예문도 현재진행형 문장으로, '지금' 바쁘게 일하고 있다는 **움직임**이 느껴질 것이다. 아울러, 전화 받는 사람의 업무가 '아직 끝나지 않았다'는 사실도 알수 있다. 이 사람은 이후에도 계속 일을 할 것이다. 이처럼 **시작**과 **끝**을 의식하게 하는 것이 현재진행형이 가지는 특징이다. 예를 더 살펴보자. My computer works perfectly.는 '내 컴퓨터는 아무 문제 없이 작동한다'라는 뜻으로, '**움직임이나 변화가 느껴지지 않는**' 사실을 나타낸다. 그러나 My computer is working perfectly.라고 하면 '시작과 끝'을 의식하게 되기에, '내 컴퓨터는 (지금은) 문제 없이 작동하고 있다', 즉 '**지금은 작동하지만, 언젠가는 작동하지 않을 수도 있다**'라는 의미를 내포하게 된다.

● **현재형과 현재진행형의 구분**

아래 두 문장을 읽고, 그 차이를 알아보자.

1 My father lives in Busan.
2 My father is living in Busan.

1은 현재형으로 쓰인 현재 시제 문장으로, 이 문장은 '우리 아버지는 부산에 사신다'라는 **사실**을 나타낼 뿐이다. 예를 들어, 아버지는 부산에 사시고 나 혼자 서울

에 자취하는데 친구가 "너의 아버지는 어디 사셔?"라고 묻는다면 ①처럼 답하면
된다.

반면, ②는 현재진행형으로 쓰인 현재진행 시제 문장이다. 현재진행형이 기본적
으로 '시작과 끝'을 깔고 있는 만큼, 같은 질문에 ②로 답했다면 '아버지가 현재는
부산에 사시지만, 앞으로도 계속 부산에 계실지는 모른다'라는 뉘앙스를 전달한
다. 아버지가 회사 일 또는 다른 이유 때문에 일시적으로 부산에서 지내는 경우,
②처럼 표현할 수 있다.

'시작과 끝'을 의식하게 하여 '일시적으로
살고 있다'는 뉘앙스를 전달한다

만약 외국에서 유학 중인 A가 "Where are you living?"이라는 질문을 받았다고
하자. 상대방이 A가 유학생이라는 것을 알고 있다면 상대방은 '유학 중인 지금' A
가 사는 곳이 어디인지를 물어본 것이다. 이 경우, 상대방은 A가 유학을 '시작'했
고 언젠가 유학을 '끝내고' 본국으로 돌아갈 것임을 의식하고 있다고 할 수 있다.
이제 55쪽의 QUIZ B 의 답도 맞힐 수 있을 것이다.

다음 중 사귀는 사람에게서 들었을 때 기분이 좋은 말은 무엇일까?

① You are kind.
② You are being kind.

정답은 〈①〉이다. ①은 '당신은 항상 상냥하다'라는 뜻이다. 그러나 ②처럼 현
재진행형으로 말하면 '시작과 끝'이 보인다. 따라서 이 말의 의미는 "Hey! What
happened to you? You are being kind to me today(야, 웬일이야? 너 오늘따라 나한테
상냥하네)."라고 할 수 있다. 다시 말하면, '네가 평소에는 나에게 상냥하지 않은데'
라는 뜻이 깔린 것이다.

현재진행형 예문을 몇 개 더 소개하겠다. 현재진행형의 **CORE ◎ '시작했고 아직 끝나지 않은, 즉 계속 움직이고 있다'**를 떠올리며 읽어 보자.

○ Where is David? — Ah, he is probably playing outside.
데이비드는 어디에 있니? — 음, 아마도 밖에서 놀고 있을 거예요.

○ Look! She is running in the rain!
쟤 좀 봐! 빗속에서 달리고 있어!

○ What are you doing? This is a public place, you know.
뭐 하는 짓이야? 알다시피, 여긴 공공장소야.

○ Don't stop me now. I'm having such a good time.
날 말리지 마. 지금 엄청 즐기고 있으니까.

○ Why is Edward behaving so selfishly?
에드워드는 왜 저렇게 자기중심적으로 행동하지?

PART
2

● 상태동사는 진행형으로 쓸 수 없다?

이제 TRADITIONAL WAY 에서 본 **상태동사는 진행형으로 쓸 수 없다**'라는 규칙을 자세히 알아보자. 그런데 이미 상태동사를 진행형으로 사용한 문장을 예로 많이 들었다는 사실을 눈치챈 독자도 있을 것이다.

○ You are being kind today.
너 오늘따라 상냥하네.

○ My father is <u>living</u> in Busan.

우리 아버지는 지금 부산에 살고 계신다.

○ Don't stop me now. <u>I'm having</u> such a good time.

날 말리지 마. 지금 엄청 즐기고 있으니까.

예문에 나온 be동사(am/are/is)나 live, have는 상태동사인데, 모두 진행형으로 썼다. 이 문장들은 전부 '상태동사는 진행형으로 쓸 수 없다'라는 규칙을 어긴 것이다. 하지만 이 문장들은 **문법적으로 맞다.** 왜 그럴까? 그 이유는 상태동사라도 **'움직이고 있는' 느낌이 있다면 현재진행형으로 쓸 수 있기** 때문이다. 그렇다면 왜 기존 문법서에서는 '상태동사는 진행형으로 쓸 수 없다'고 주장하는 것일까?

그 이유를 이해하려면 상태동사의 특성을 알아야 한다. 대표적인 상태동사로는 be, live, have뿐만 아니라 resemble(닮다), belong(속하다)도 있다. resemble과 belong이 사용된 예문을 보며 상태동사의 특성을 파악해 보자.

○ I think you <u>resemble</u> your mother.

내가 보기에 당신은 어머니를 많이 닮은 것 같네요.

○ Ruth doesn't <u>belong</u> to any political party.

룻은 그 어떤 정당에도 속해 있지 않다.

일반적으로, 상태동사는 이처럼 현재형으로 사용된다. **'현재를 기준으로 움직임이나 변화가 없다'**라는 현재형의 C O R E ◎ 를 떠올리며 상태동사인 '닮다(resemble)', '속하다(belong)', '사랑하다(love)'의 의미를 생각해 보자. 이 동사들은 **동작(행위)이 아니라 상태를 나타내므로 움직임이나 변화를 느낄 수 없다.** 이것이 상태동사가 주로 현재형으로 쓰이는 이유이다. 또한 그래서 '상태동사는 진행형으로 쓰지 않는다'라고 오해하기 쉽다.

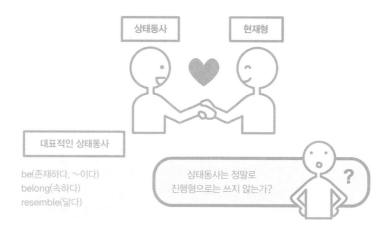

그러니 앞시 여러 예문에서 보았듯이, 상태동사도 상황에 따라 진행형으로 쓴다. 다시 말하면, 상태동사도 '움직임이나 변화'를 느낄 수 있거나 '시작과 끝'이 의식되면 진행형으로 쓴다.

예를 들어, 동사 have는 I have two cars(난 차를 두 대 갖고 있어).처럼 주로 현재형으로 쓴다. '갖고 있는' **상태**이므로 현재형으로 쓰는 것이다.

그러나 Don't stop me now. I'm having such a good time(날 말리지 마. 지금 엄청 즐기고 있으니까).에서처럼 '지금' 좋아하는 사람과 함께 영화도 보고, 밥도 먹고, 대화를 나누는 등 한창 즐기는 중이라면 **'시작했고 아직 끝나지 않은, 즉 계속 움직이고 있는'** 상황이기 때문에 have를 현재진행형으로 쓰는 것이다.

다른 상태동사인 resemble(닮다)이 사용된 예문도 살펴보자.

○ She is gradually resembling her mother more and more.
저 아이는 점점 자기 엄마를 닮아간다.

모습에 변화(움직임)가 일어나 있다

이런 경우라면 현재진행형을 쓰는 것이 더 자연스럽다. 현재진행형에 내포된 **'움직이고 있는'** 뉘앙스가 잘 살기 때문이다.

예전에 맥도날드 광고에서 "I'm lovin' it."이라는 문구를 쓴 적이 있다(lovin'은 loving의 생략형으로, 비표준 발음으로 표기한 것이다). love는 '사랑하다'라는 의미의 상태동사이므로 원래는 현재형으로 주로 쓴다. 그러나 "I love it."이라고 하면 **움직임이나 변화가 느껴지지 않고, 살아 움직이는 느낌보다는 고정된 느낌**이 강하게 들 것이다. 이래서는 고객에게 강렬한 메시지를 줄 수 없다. 그러나 광고에서는 "I'm loving it."이라고 현재진행형으로 씀으로써 **역동적인 느낌**을 제대로 표현했다. 이 외에도, 매장에서 햄버거를 먹다가 정말 맛있어서 그곳 햄버거를 love하는 마음이 생겼다면 그때 "I'm loving it."이라고 말할 수 있다. 또, 햄버거를 먹자는 친구 때문에 하는 수 없이 햄버거를 먹게 되었는데 친구가 미안해한다면 "No, no, no, don't worry. Actually, I'm loving it."이라고 말할 수 있다. 이렇게 말함으로써 '괜찮아, 신경 쓰지 마. 난 햄버거를 맛있게 먹고 있어'라는 뜻을 전달할 수 있다. 바로 지금 기분이 움직이고 있는 느낌, 이것은 I love it.으로는 표현하기 어려운 뉘앙스이다.

● '확정된 미래'를 현재진행형으로 표현할 수 있다

이번에는 TRADITIONAL WAY ④ '현재진행 시제로 확정된 미래의 일을 나타낼 수 있다'라는 내용에 관해 알아볼 것이다. 우선, 다음 문장을 살펴보자. 어떻게 해석해야 할까?

○ The bus is stopping.

이 예문은 '버스가 멈추려고 한다'라는 의미이다. 현재진행형의 **CORE ◎**인 **'시작했고 아직 끝나지 않은, 즉 계속 움직이고 있다'**는 '어떤 의미로는 시작했지만, 실제로 시작되는 않은', 즉 **'~하려고 하는'**의 의미로 확장할 수 있다. 위의 예문을 가지고 설명하자면, 앞에 버스정류장이 보여서 버스가 속도를 줄이기 시작한 상황을 나타낼 때 The bus is stopping.이라고 할 수 있다. 멈추는 동작이 시작되었기 때문에 '멈추려는 중'인 것이다. 이와 유사한 예로, 착륙이 임박할 때

내보내는 비행기의 기내방송도 살펴보자.

○ Ladies and gentlemen. We <u>are arriving</u> at London Heathrow Airport in about 15 minutes.

> 승객 여러분, 이 비행기는 약 15분 뒤 런던 히스로 공항에 착륙합니다.

비행기가 고도를 낮추기 시작하여, 어떤 의미로는 이미 arrive가 시작되었다

arrive(도착하다)가 시작되었지만 아직 완전히 도착하지는 않은 상태, 즉 도착을 향해 **움직이고 있는** 느낌이다. 이 느낌이 **현재진행형으로 표현되는 현재진행 시제가 '(확정된) 미래의 일'을 나타내는** 것이다.

다른 예를 하나 더 들겠다. 저녁 8시부터 시작하는 영화를 기다리는 중, 7시 55분에 친구로부터 전화가 왔다고 가정하자. 이야기를 듣다 보니 통화가 길어질 것 같다. 그럴 때 이렇게 이야기할 수 있다.

PART 2

○ I'm sorry, but I'm <u>watching</u> *Parasite* tonight. Can I call you back later?

> 미안한데, 나 오늘 밤에 〈기생충〉을 보려고 해. 내가 나중에 걸어도 돼?

아직 영화를 보고 있는 상황은 아니다. 그러나 느낌상 이미 watch(보다)라는 행위는 시작되었다. 그렇게 느끼기 시작하고 움직이고 있는 것이다. 이를 통해 영화를 볼 거라는 '미래의 일'을 나타내게 된다. I'm leaving for New York tomorrow(나내일 뉴욕으로 출발해).라는 문장도 마찬가지이다. 이미 기분적으로는 leave(출발하다)한 상태로, 어떤 의미에서 이미 출발은 시작된 것이다. '현재진행 시제로 확정된 미래의 일을 나타낼 수 있다'라는 규칙이 왜 나왔는지 이제 이해할 수 있을 것이다.

덧붙여서, 앞서 배웠지만 현재형으로도 미래를 나타낼 수 있다. 그러나 **'움직임이나 변화를 느낄 수 없다'**는 점에서 현재형이 더 '확정된(고정된) 미래'를 나타낸다고 볼 수 있다.

마지막으로, '어떤 의미로는 시작했지만, 실제로 시작되지는 않은', 다시 말하면
'**~하려고 하는**'의 뜻을 표현하는 예문들을 현재진행형의 CORE ◎ 를 떠올리
며 읽어 보자.

○   **I'm <u>seeing</u> Kelly tomorrow morning.**
    나는 내일 아침 켈리를 보기로 했다.

○   **Are you <u>coming</u> to the pub tonight?**
    ◎ 너 오늘 밤에 펍에 가는 쪽으로 (마음이) 움직이고 있니?
    너 오늘 밤에 펍에 갈 거야?

○   **The population of wild Siberian tigers <u>is dying out</u>.**
    ◎ 야생 시베리안 호랑이의 개체수는 멸종 방향으로 향하고 있다.
    야생 시베리안 호랑이가 멸종될 상황이다.

✦ NEW APPROACH ✦

① **현재진행형**의 CORE ◎ 는 '**시작했고 아직 끝나지 않은, 즉 계속 움
   직이고 있다**'이다.
② 상태동사라도 '**움직이고 있는**' 느낌을 표현할 때는 현재진행형으로 쓸
   수 있다.
③ '움직이고 있는' 뉘앙스로부터 '**~하려고 하는**'이라는 의미의 **미래의 일**
   을 표현할 수 있다.

이제는 현재 시제(현재형)와 현재진행 시제(현재진행형)의 차이가 명확하게 이해
되는가? 앞으로는 '**현재를 기준으로 움직임이나 변화가 없다**'라는 의미의 **현재
형**과 '**시작했고 아직 끝나지 않은, 즉 계속 움직이고 있다**'의 의미를 전달하는 **현
재진행형**을 잘 구분해서 사용하자.

시제와 상 – Tense와 Aspect

화자의 관점에서 '동사로 나타내는 동작의 상태가 어떠한지'를 **상**(aspect)이라고 한다.
다소 전문적인 내용이지만, 알아두면 유익하므로 간단히 설명하겠다.

- 단순상 – 단순하고 움직임이 없는 느낌
- 진행상 – 움직임이 있는 느낌
- 완료상 – 움직임이 이루어신 느낌

시제라는 용어는 엄밀히 말하면 '시세와 상의 조합'이다.

현재 시제	+ 단순상 = 현재형
	+ 진행상 = 현재진행형
	+ 완료상 = 현재완료형
과거 시제	+ 단순상 = 과거형
	+ 진행상 = 과거진행형
	+ 완료상 = 과거완료형

이렇게 생각하면 I have finished it(그건 예전에 다 끝냈어요).은 '지금'에
방점이 찍혀 있음을 알 수 있을 것이다. 왜냐하면 시제가 '현재 시제'이기
때문이다.

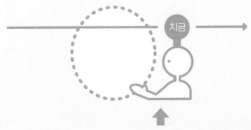

지금 have하고 있다는 것이 중요!

SECTION 2

현재완료형과 과거형

'현재'와 연관이 있는가 없는가

● **구분해서 쓸 수 있는가?**

이번에 다룰 주제는 현재완료 시제와 과거 시제이다. 현재완료 시제는 현재완료형, 과거 시제는 과거형으로 나타낸다. 두 시제의 차이를 아는가? 대부분 과거 시제는 '과거의 일', 현재완료 시제는 '완료/결과/경험/계속'을 나타낸다는 정도로만 알고 있을 것이다. 이 두 시제를 제대로 구분할 줄 아는지 확인하기 위해 다음 퀴즈를 풀어 보자.

 A

다음 상황에서 ①과 ② 중 B의 답으로 더 알맞은 것은 무엇인가?　♀정답 p.86

A　Hey! What are you doing? Let's go back home.

B　① I <u>lost</u> my wallet. / ② I've <u>lost</u> my wallet.
　　I can't find it.

A　야, 뭐 하고 있어? 이제 집에 가자.

B　지갑을 잃어버렸어. 찾을 수가 없네.

다음 문장의 밑줄 친 부분은 과거형과 과거진행형으로 쓰였다. 말하는 사람
의 의도는 무엇일까?　　　　　　　　　　　　　　　　　　　　　🔎 정답 p.90

I <u>was wondering</u> if you <u>could</u> give me a hand.

과거 시제와 현재완료 시제를 구분해서 쓸 수 있다고 자신하는 사람도 QUIZ A
와 QUIZ B 의 답을 쉽게 말하지 못할 수 있다. SECTION 2 에서는 현재완료 시
제와 과거 시제, 즉 현재완료형과 과거형의 CORE를 배워 보자.

● 현재완료형은 '과거를 포함하는 지금'

현재완료 시제는 **현재완료형**인 'have/has+과거분사' 형태로 표현되며, '완료',
'결과', '경험', '계속'의 네 가지 용법을 나타낸다고 배웠을 것이다. 그 내용부터 확
인해 보자.

PART
2

- - - - - - - - - - - - - - -　　T R A D I T I O N A L　W A Y　- - - - - - - - - - - -

> 1　완료 용법
> I <u>have already finished</u> my homework.
> 난 이미 숙제를 끝냈다.
>
> 2　결과 용법
> The train <u>has just left</u>.
> 방금 기차가 출발했다.
>
> 3　경험 용법
> I've <u>eaten</u> authentic Spanish paella.
> 나는 제대로 된 스페인 파에야 요리를 먹어 본 경험이 있다.
>
> 4　계속 용법
> We've <u>known</u> each other for more than 10 years.
> 우리는 서로 알고 지낸 지 10년이 넘었다.

그런데 한번 생각해 보자. TRADITIONAL WAY ③'경험' 용법을 나타낼 때 현재완료형이 아니라 과거형으로 써도 될 것 같지 않은가? 즉, I <u>ate</u> authentic Spanish paella yesterday(나는 어제 제대로 된 스페인 파에야 요리를 먹었다).라고 써도 엄연히 '경험'의 의미가 포함되므로 과거형으로 써도 문제가 없다는 생각이 들 수 있다.

I <u>finished</u> my homework 3 days ago(나는 숙제를 사흘 전에 끝냈다).라는 문장도 생각해 보자. 이것은 과거형으로 쓰인 과거 시제 문장이다. 그런데 이 문장은 '완료'의 뜻을 표현하고 있으므로 TRADITIONAL WAY ①'완료'의 예문 대신 써도 될 것 같다고 생각할 수 있다. 이 두 예에서도 알 수 있듯이, 현재완료 시제를 '완료', '결과', '경험', '계속'의 용법으로만 바라보면 정확하게 이해하기 어렵다. 현재완료 시제를 제대로 파악하려면 과거분사형 앞에 왜 have/has가 나오는지를 이해해야 한다.

● have의 CORE

have는 현재완료형의 본질을 이해하는 열쇠이다. have의 CORE ◎ 는 **'자기 영역 안에 가지고 있다'**이다. A have B는 'A는 자기 영역 안에 B를 가지고 있다'라는 뜻인데, 이 **'자기 영역'**이라는 것이 핵심이다. 예문을 하나 보자.

○ I <u>have</u> three sisters, but they are not in Korea now.
나는 누나가 셋 있지만, 그들 모두 지금 한국에 없다.

예문에서 알 수 있듯, 손에 쥐고 있는 등 물리적으로 가지고 있지 않더라도 어떤 의미에서 **자기 영역 안에** 소유한 것으로 볼 수 있다면 have를 쓸 수 있다. 또한 Don't stop me now. I'm <u>having</u> such a good time(나를 말리지 마. 난 지금 엄청 즐기고 있어).라는 문장에서도 알 수 있듯이 '경험하고 있는(또는 경험한) 시간'을 have하는 것도 가능하다. '우리는 어제 잭의 집에서 즐겁게 보냈다'는 영어로 We <u>had</u> a good time at Jack's house yesterday.라고 한다. 기억하자. **'자기 영역'에서 경험하고 있는**(또는 경험한) **시간은 have할 수 있다.**

● 현재완료형의 CORE

다시 시제 이야기로 돌아가자. 앞서 현재완료형은 'have/has+과거분사' 형태라고 했는데, 과거분사는 '~을 하여 끝내다'라는 의미를 갖는다. 즉, 현재완료형은 **'~하여 끝낸 것을 지금 가지고 있다'**라는 의미이다. 바꿔 말하면, **과거에 이미 일어난 일을 지금도 끌어안고 있는 상태**를 나타내는 것이 현재완료형이다. 현재완료형의 **CORE ◎ IMAGE** 를 보면 이해하기가 쉬울 것이다.

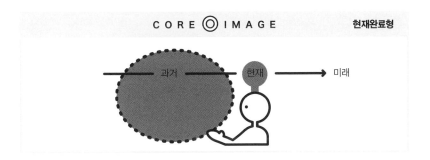

이처럼 **'과거를 끌어안고 있는, 즉 과거로부터 이어진 현재'**가 바로 **현재완료형**의 **CORE ◎** 이다. 현재완료형에서는 **'과거와 지금'이 서로 연결되어 있다.** '**과거의 영향을 지금 받고 있다**'라고 해도 좋다. 현재에 초점이 맞춰져 있기 때문에 현재완료형인 것이다. 아래 예문을 보자.

○ Have you ever visited Bali? — Yeah, I've been there twice.
발리섬을 방문한 적이 있니? — 응, 두 번 다녀왔어.

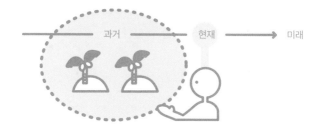

예문에서 질문의 핵심은 발리섬을 '과거에 언제' 다녀왔는지가 아니라, 과거에 발리섬에 다녀온 경험을 '지금 가졌는지'이다. 그래서 '과거에 두 번 다녀온 경험을 현재 가지고 있다'고 대답한 것이다. 이처럼 **과거를 끌어안고 있는, 즉 과거로부터 이어진 현재**를 나타내는 것이 현재완료형이다. 다음 대화도 살펴보자.

Andrew Hey, how <u>have you been</u>?

Cathy You are... Andrew? You've <u>changed</u> a lot!
　　　　　<u>Have you put</u> on some weight?

앤드루 안녕, 어떻게 지냈어?

캐시 너, 앤드루니? 모습이 많이 달라졌네! 살이 좀 찐 거 아냐?

대화의 밑줄 친 부분은 모두 현재완료형으로 쓰였는데, 이를 통해 두 사람이 오랜만에 만났다는 사실을 알 수 있다. 이런 상황에서는 **과거를 끌어안고 있는, 즉 과거로부터 이어진 현재**를 나타내는 현재완료형으로 표현해야 적절하다. '예전에 알게 되었을 때부터 **지금까지**'의 뉘앙스를 나타낼 수 있기 때문이다. How <u>have you been</u>((과거에 만났을 때부터 지금까지) 어떻게 지냈어)?이나 You've <u>changed</u> a lot! <u>Have you put</u> on some weight((과거에 만났을 때부터 지금까지) 모습이 많이 달라졌네! 살이 좀 찐 거 아냐)?은 이런 뉘앙스를 잘 드러낸다.

다음 예문은 어떠한가?

○ Oliver have been absent from school for a week.

올리버는 1주일째 학교를 빠지고 있다.

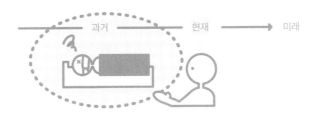

1주일 전부터 지금까지 쭉 학교를 빠지고 있는 것이므로 현재완료형으로 표현했다. **'과거를 끌어안고 있는, 즉 과거로부터 이어진 현재'**를 나타내는 현재완료형의 CORE가 잘 드러나는 예문이다.

◀ 용법이 아니라 CORE를 이해하자 ▶

아래 예문도 살펴보자.

1 완료/결과 용법

You've changed a lot!

모습이 많이 달라졌네!

2 경험 용법

Have you ever visited Bali?

발리섬을 가 본 적 있니?

3 계속 용법

Oliver has been absent from school for a week.

올리버는 1주일째 학교를 빠지고 있다.

완료, 결과, 경험, 계속 중 어떤 용법을 표현하든, 현재완료형의 CORE는 **'과거를 끌어안고 있는, 즉 과거로부터 이어진 현재'**이다. 다시 말하면, 어떤 용법이든 **과거의 영향을 지금도 받고 있다는 사실을 나타낼 뿐**이다.

같은 CORE에서 상황에 따라 용법(의미)이 달라질 뿐이다

그런데 여기서 하나 짚고 넘어가야 할 것이 있다. I have talked to Jack.이라는 문장을 보자. 이 문장은 현재완료의 어떤 용법일까? 사실, 이 문장만 달랑 있으면 알기 어렵다. 왜냐하면 현재완료형의 CORE인 **'과거를 끌어안고 있는, 즉 과거로부터 이어진 현재'**는 의미상 모호한 면이 있기 때문이다. 예를 들어, Jack이 직장 상사라고 가정하고 아래 주어진 상황에서 I have talked to Jack.이라고 말했다고 하면, 그 의미는 각각 달라진다.

이 모든 경우에 I have talked to Jack.이라고 할 수 있다. 일반적으로, already(이미), never(한 번도 ~없다), just(때마침, 딱), twice(두 번) 등의 **부사**를 함께 써서 현재완료형을 어떤 용법(의미)으로 썼는지 나타낸다.

○ I have talked to Jack.

→ I have <u>already</u> talked to Jack.

완료 나는 이미 잭과 이야기를 나눴다.

→ I've <u>never</u> talked to Jack.

경험 나는 잭과 이야기해 본 적이 한 번도 없다.

→ I've <u>just</u> talked to Jack.

결과 방금 나는 잭과 이야기를 했다.

→ I have talked to Jack <u>twice</u>.

경험 나는 잭과 두 번 이야기해 봤다.

→ I've talked to Jack <u>for three days</u>.

계속 나는 잭과 3일 동안 이야기했다.

예문을 보면 현재완료형 문장이 완료를 뜻하는지, 경험을 뜻하는지 등은 어떤 부사 표현과 같이 쓰이는가에 따라 달라진다는 것을 확인할 수 있다. 현재완료형 자체의 의미는 매우 모호하다고 하겠다.

어쨌든, 현재완료형의 **C O R E ◎** 는 **'과거를 끌어안고 있는, 즉 과거로부터 이어진 현재'**라는 것을 기억해 두자.

● **현재완료형은 과거를 나타내는 부사와 함께 쓰지 않는다**

또 하나 중요한 사실을 짚고 가자. 현재완료형은 **'과거로부터 이어진 현재'**를 나타내기 때문에 **과거를 나타내는 부사와 함께 쓰지 않는다.** 과거를 나타내는 부사 표현, 예를 들어 yesterday(어제), three years ago(3년 전), when she was a child(그녀가 어렸을 때) 등은 과거형 문장에서 쓰인다.

○ They left for London <u>yesterday</u>.

그들은 어제 런던으로 출발했다.

○ Yumi graduated from college <u>three years ago</u>.

유미는 3년 전에 대학교를 졸업했다.

○ Jane acquired perfect pitch <u>when she was a child.</u>

제인은 어렸을 때 절대음감을 얻었다.

이제 현재완료형에 관한 설명을 마무리하겠다. 현재완료형의 CORE ◎ 를 떠올리며 다음 예문을 읽어 보자.

○ Spring <u>has come.</u>

◎ 봄이 왔고, 지금도 봄이다.

봄이 왔다.

○ Ain <u>has gone</u> to New Zealand. I miss her so much.

◎ 아인이가 뉴질랜드로 출국한 것은 과거지만, 지금도 거기에 있기 때문에 매우 보고 싶다.

아인이는 뉴질랜드로 떠났고, 나는 그녀가 매우 보고 싶다.

○ I <u>have always believed</u> in the principle of free speech.

◎ 예전부터 지금까지 나는 항상 언론자유의 원칙을 신봉했다.

나는 항상 언론자유의 원칙을 믿어 왔다.

○ No worries. <u>I've eaten</u> cheonggukjang many times.

◎ 나는 지금까지 청국장을 여러 번 먹은 경험이 있다.

걱정하지 마. 난 청국장을 여러 번 먹어 봤어.

● 과거형과 현재완료형의 차이

과거의 일을 회상하며 '…가 ~했다'와 같이 **단순히 과거의 일을 표현**할 때는 **과거형**을 쓴다. 단순히 과거의 일을 표현한다는 것은 과거에 일어난 일을 단지 **기술**하거나 **보고**하는 것을 뜻한다. 예를 들어, The president <u>had</u> a heart attack last week.라는 문장은 '대통령이 지난주에 심장발작을 일으켰다'라는 사실을 **보고(기술)한** 것이다. In London, everything <u>was</u> wonderful except the food.라는 문장은 '런던에서는 음식 이외의 모든 것이 다 훌륭했다'라는 의미인데, 이 또한 화자가 런던을 방문했을 때를 회상하며 **보고(기술)한** 성격의 문장이다.

여기까진 쉽게 이해될 것이다. 그렇다면 과거형과 현재완료형은 어떤 차이가 있을까? 현재완료형도 과거의 일을 포함해서 표현한다. 하지만 그 초점은 '현재의 시점'에 맞춰져 있다. 즉, **'과거를 끌어안고 있는, 즉 과거로부터 이어진 현재'**를 나타내는 것이다. 그에 반해, **과거형**의 **CORE ◎** 는 **'지금(현재)과는 단절된 느낌'**이다.

과거형의 **CORE ◎ IMAGE** 를 살펴보자.

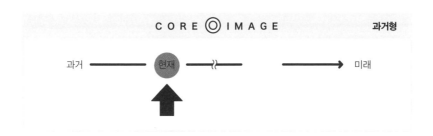

PART
2

화자는 '지금(현재)'에 있다. 이 **'지금(현재)'과 이어지는가 아닌가**가 현재완료형과 과거형의 차이를 만든다. 예문을 살펴보자.

1. Alice <u>lived</u> in Korea when she was a child.
   앨리스는 어릴 때 한국에서 살았다.
2. Alice <u>has lived</u> in Korea since she was a child.
   앨리스는 어릴 때부터 한국에 살고 있다.

1에서는 앨리스가 '지금' 한국에 사는지 아닌지는 알 수 없다. **과거형** 문장이므로 단순히 **과거 사실을 묘사할 뿐이다.** 반면, 2는 **현재완료형** 문장이므로 지금(현재)과 이어지고 있다. 즉, '과거부터 지금까지 계속 한국에 살고 있다'라는 의미이다. 이처럼 과거형을 사용하면 화자가 이야기하고 있는 시점이 지금(현재)과는 **동떨어진 느낌**이 든다. **지금 자기가 있는 곳에서부터 먼 느낌이다.**

과거형, 현재완료형과 관련하여 재미있는 에피소드를 하나 소개하겠다. 필자가 학교에서 근무했을 때 벌어진 일이다. 오후 3시쯤 회의가 잡혀 있었는데, 원어민 영어 교사가 점심시간이 끝날 무렵, 한국인 교사에게 이렇게 물었다.

원어민 교사 Have you had lunch?
한국인 교사 아, 음…. Oh, I ate.
원어민 교사 Haha. Yesterday?
한국인 교사 ???

두 사람의 모습을 옆에서 보면서 '아하! 그렇군' 하고 느낀 바가 있었다. 원어민 교사는 한국어로 번역하면 "점심 드셨나요?"라고 물어본 것인데, 현재완료형 문장이므로 그 속에는 '(이미) 점심을 다 먹었다면 3시가 아니라 지금부터 회의를 시작해도 될까요?'라는 뜻이 숨어 있었다. 그런데 한국인 교사가 "I ate(먹었어요)." 라고 과거형으로 답을 하니 원어민 교사는 ate(먹었다)라는 과거형이 주는 '지금'과는 동떨어진 느낌, 그 **거리감**에 어색함을 느꼈고, 그래서 "Haha. Yesterday(하하. 어제 먹었어요)?"라고 농담을 던진 것이다. 이 두 사람 간에 발생한 소통의 어긋남은 과거형과 현재완료형의 차이를 이해하는 데에 도움이 되는 예라고 할 수 있다.

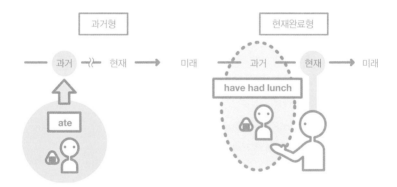

아래 예문도 살펴보자.

1️⃣ I went to Paris twice when I was young.

나는 어릴 때 파리에 두 번 갔었다.

2️⃣ I have been to Paris twice.

나는 파리에 두 번 갔다 온 경험이 있다.

두 문장 모두 파리에 두 번 다녀온 '경험'을 이야기하고 있으므로 용법으로만 구분하려고 하면 차이를 설명하기 어렵다.

문법적으로 따지면 1️⃣은 when I was young(어릴 때)이라는 **과거를 나타내는 부사 표현**이 있으므로 **과거형**으로 써야 한다. 현재완료형은 과거를 나타내는 부사와 함께 쓸 수 없기 때문이다. 그러나 이 두 문장의 차이를 구분하는 기준은 '**화자의 시점이 어디에 있는가**'에 있다.

예를 들어, 다섯 명이 프랑스 파리로 여행을 떠나기로 했다고 가정하자. 다섯 명 중 넷은 파리에 처음 가고, 나머지 한 명은 파리에 갔다 온 경험이 있다. 파리에 갔다 온 그 사람이 **현재완료형**으로 쓰인 2️⃣처럼 말하면 본인이 파리를 갔다 왔다는 사실을 알릴 뿐만 아니라, '파리를 여행할 때 어디를 가면 좋은지 내가 알아'라는 뉘앙스까지 전달하는 것이다. I have been to Paris twice. So you can ask me anything(내가 파리에 두 번 갔다 온 경험이 있거든. 그러니 뭐든 물어봐).처럼 쓸 수 있다.

그렇다면 과거형으로 쓰인 1️⃣은 어떤 뉘앙스를 전달할까? 예를 들면, 친구들과 유럽 여행을 계획 중인데 서로 가고 싶은 곳이 달라 도무지 행선지가 정해지지 않을 때, 참고했으면 하는 마음으로 과거 파리에 다녀온 경험을 이야기하는 상황에 쓸 수 있다. Actually, I went to Paris twice when I was young. The city was so beautiful. The people there were very kind to my family and we enjoyed it a lot(사실, 난 어릴 때 파리에 두 번 갔다 왔어. 도시가 진짜 아름답고, 파리 사람들은 우리 가족에게 아주 친절했어. 정말 재미있었어). 이런 뉘앙스의 말을 할 때 ①처럼 쓴다.

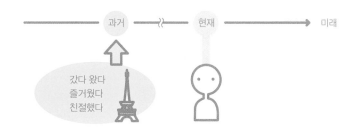

이처럼 현재완료의 용법에만 의지하면 제대로 파악하기 어려운 부분도 현재완료의 CORE를 배우면 쉽게 이해할 수 있다.

● 과거형과 현재완료형을 구분하여 사용하자

이제 74쪽에 나온 QUIZ A 로 돌아가 보자.

> 다음 상황에서 ①과 ② 중 B의 답으로 더 알맞은 것은 무엇인가?
>
> **A** Hey! What are you doing? Let's go back home.
>
> **B** ①I lost my wallet. / ②I've lost my wallet.
>   I can't find it.
>
> **A** 야, 뭐 하고 있어? 이제 집에 가자.
>
> **B** 지갑을 잃어버렸어. 찾을 수가 없네.

이 퀴즈의 답은 〈②I've lost my wallet.〉이다. 지갑을 잃어버려서 **지금도 찾을 수가 없는 것**이 핵심이다. '**과거로부터 이어진 현재의 일**'인 것이다. 답을 ①이라 고 하면 뜻은 통하겠지만, 원어민은 어색함을 느낄 것이다. "I lost my wallet."은 지갑을 잃어버린 '과거 사실을 보고(기술)하는' 것일 뿐이어서, 지금은 지갑을 찾 았는지 어떤지 알 수가 없기 때문이다.

아래 두 예문의 차이가 무엇인지 생각해 보자.

1　Andy <u>could win</u> the tournament this year.
2　Andy <u>was able to</u> win the tournament this year.

1과 2 모두 **과거형** 문장이다. 그렇다면 두 문장 모두 '앤디는 올해 토너먼트에서 이길 수 있었다'라는 뜻일까? 단순히 생각하면 그렇게 보이지만, 실은 그렇지 않다. 원어민은 "1은 '**미래**'의 일, 2는 '**과거**'의 일을 나타낸다"라고 답할 것이다. 왜 그럴까?

과거형의 **CORE ◎** 는 '**지금(현재)과는 단절된 느낌**'으로, 과거형 문장은 **과거를 단순히 보고(기술)**하는 것이라고 배웠다. 그런데 이 과거형 CORE의 속성에서 파생된 용법이 있다. 과거형으로 '지금의 현실'과 단절된 **비현실적인, 가능성이 낮은 일을 표현할 수 있다.** 과거형이 발생시킨 현실과의 '**심리적 거리감**'을 응용한 것이다.

PART
2

그림 1　　　　　　　　　　　　　　　그림 2

—— 과거 →⊢ 현재 —→ 미래　　　　비현실 →⊢ 현실

화자가 벌어진 일을 '지금'과 떨어진 '과거'에 두는 듯한 느낌을 응용.
현실과 단절된 '비현실'에 툭 놓는 느낌을 준다

다음 예문도 살펴보자. 이 문장이 미래의 일을 이야기하고 있다는 사실은 쉽게 알 수 있다.

○　Andy <u>can</u> win the tournament this year.
　　앤디는 올해 토너먼트에서 이길 것이다.

그런데 이 문장에서 조동사 can이 과거형인 could로 바뀌면 시간상 과거의 일이 되는 것이 아니라, **현실성이 떨어짐**을 나타내게 된다. 앞 페이지의 ☐ 예문을 다시 보자.

☐ Andy <u>could</u> win the tournament this year.
　　앤디는 올해 토너먼트에서 이길 수도 있다.

can이 could로 바뀌면 그 과거형이 주는 이미지는 앞에 나온 [그림 1]이 아니라 [그림 2]가 된다.

반면, ② 예문은 be able(가능하다)을 과거형으로 단순히 기술한 것이므로 '가능했다'라는 의미로 해석된다.

② Andy <u>was able to</u> win the tournament this year.
　　앤디는 올해 토너먼트에서 이길 수 있었다.

● **과거형으로 가정을 나타낸다**

과거형은 아래와 같은 용법으로도 쓴다.

○ I wish I <u>had</u> a girlfriend.
　　나에게 여자친구가 있으면 좋겠다.

이 말을 한 사람은 현재 여자친구가 없다. '지금(현재)' 이야기를 하고 있는데, 왜 과거형 had를 썼을까? **지금(현재)과는 단절된 느낌**을 표현하려고 과거형을 쓴 것이다. '당신이 오면 좋을 텐데'는 영어로 I wish you <u>could</u> come.이다. 같이 가자는 상대방의 초대를 아쉽지만 거절해야 하는 경우라면 I'm really sorry. I wish I <u>could</u> come with you(정말 미안합니다. 저도 같이 갈 수 있으면 좋았을 텐데요).라고 말할 수 있다. 이런 용법을 소위 가정법이라고 한다. "가정법에 왜 과거형을 쓰지?"라는 질문의 답도 과거형의 ＣＯＲＥ ◎ 를 알면 쉽게 구할 수 있을 것이다.

다음 예문을 보자.

○ Could you come and see me at 11 pm tonight?
오늘 밤 11시에 날 보러 와 줄 수 있어?

상대방에게 부탁하는 문장인데, 조동사 can의 과거형 could를 사용했다. Can/Will you...?를 Could/Would you... ?로 바꾸면 정중하게 부탁하는 뉘앙스를 전달할 수 있다고 배운 기억이 있을 것이다. 과거형으로 쓰면 조금 더 **정중한 부탁**이 된다. 그 이유는 무엇일까? 과거형이 되면 '**비현실성**'을 띄기 때문이다. 예를 들어 설명하겠다. Can you come and see me?는 단순히 '나를 보러 올 수 있나요?'란 뜻이지만, Could you come and see me?는 '(가능성은 낮아 보이지만) 나를 보러 올 수 있나요?'라는 뉘앙스의 문장이다. 부탁하거나 의뢰하는 사람 본인도 '**가능성이 낮다**'고 판단하고 있음을 전달하기 때문에 그만큼 정중하게 들린다.

과거형을 사용함으로써 '직접적으로 요구하는 느낌'이 줄어서 정중한 뉘앙스를 전달한다

이런 비슷한 예를 또 하나 들겠다. 예전에 영국의 어느 호텔을 예약하려고 했을 때의 일이다. 예약 담당 직원은 정중하게 "How long did you want to stay, sir(몇 박 묵으실 예정이십니까, 고객님)?"이라고 물었다. 이 또한 **과거형이 주는 거리감**을 응용한 문장이다. How long do you want to stay?라고 하면 '몇 박 묵으실 거예요?'라고 다소 친근하고 격식 없는 느낌으로 묻는 표현이 된다. 그러나 맥락은 현재이지만, 굳이 과거형으로 써서 과거형이 발생시키는 거리감을 통해 '몇 박을 묵고 싶으셨습니까?→몇 박 묵을 예정이십니까?'라는 의미의 정중한 표현을 만든 것이다. What was your name again(이름을 한 번 더 말해 주시겠어요)?도 그러한 거리감이 응용된 문장이다.

PART
2

고객을 응대할 때의 적절한 거리감

이제 75쪽의 의 답을 알아보자.

QUIZ B

[다음 문장의 밑줄 친 부분은 과거형과 과거진행형으로 쓰였다. 말하는 사람
의 의도는 무엇일까?
I <u>was wondering</u> if you <u>could</u> give me a hand.]

답부터 말하자면, 말하는 사람은 〈도와달라는 뜻을 매우 정중하게 전달하려는
의도〉에서 저렇게 말한 것이다. 밑줄 친 부분을 현재형으로 바꿔보자.

○   I <u>am wondering</u> if you <u>can</u> give me a hand.
　　네가 나를 도와줄 수 있을지 없을지를 나는 생각하고 있다.

이렇게 현재형으로 쓰면 직접적으로 요구하는 표현이 된다(그러나 이런 식으로는 거의 쓰
지 않는다). 그러나 I <u>was wondering</u> if you <u>could</u> give me a hand.라고 과거형으
로 쓰면 '(가능성은 낮다고 생각하지만) 네가 도와줄 수 있을지 없을지를 생각하
고 있었다'라고 **거리감이 생기면서** 매우 정중한 느낌을 전할 수 있다.

가능성을 낮추거나 현실과 거리를 두는 뉘앙스를 전달하는 과거형 사용에 익숙
해지면 격식을 갖춘 의사 표현을 할 수 있게 된다. '**지금 자기가 있는 곳에서부터
먼 이야기를 하는 것**'이 **과거형**이다. 여기에는 시간상 먼 과거뿐만 아니라 '현실
에서 먼' 심리적 거리감도 포함된다.

① **과거형**의 **C O R E** ◎ 는 **'지금(현재)과는 단절된 느낌'**이다.

② 과거형은 지금과는 단절된 과거를 단순하게 **기술, 보고**한다.

③ 과거형이 지닌 (지금과 단절된) '비현실성', '낮은 가능성', '거리감' 때문에 과거형은 **가정** 또는 **정중하게 부탁**할 때도 사용된다.

SECTION 2 에서는 현재완료형과 과거형을 학습했다. 지금쯤이면 **'과거를 끌어안고 있는, 즉 과거로부터 이어진 현재'**를 나타내는 **현재완료형**과 **'지금(현재)과는 단절된 느낌'**으로 단순히 과거를 기술하는 **과거형**의 차이를 확실히 이해하게 되었을 것이다. 또한, 현재완료형을 '용법'에 구애받지 않고 더 잘 구사할 수 있게 되고, 과서형이 정중한 느낌을 전달하기 위해 사용된다는 사실을 이해하게 되었을 것이다. 문법은 의사소통을 가능하게 하는 뼈대이자 수단이다. 단순히 용법을 암기하는 데에 그치지 말고, '말하고 글로 쓸 수 있는' 표현력 향상을 목표로 문법을 학습하자.

PART
2

현재완료 진행형을 마스터하자

다음 문장을 읽어 보자.
It has been snowing all night.

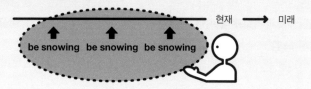

'be snowing 상황이 계속되어 지금에 이르렀다'라는 뉘앙스이다.

현재완료 진행형을 만드는 방식은 간단하다.

현재완료형	have + 과거분사
+) 진행형	be + ~ing
현재완료 진행형	have + been + ~ing

핵심은 '지금에 이르다'이다.
현재완료 진행형으로 쓰인 **It has been snowing all night.**는 흔히 아침까지 계속 눈이 내리고 있을 때 하는 말이지만, 눈이 그친 상태에도 쓸 수 있다.

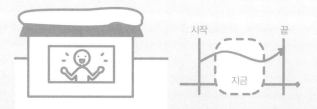

It is snowing.이라고 현재진행형으로 말하면, '시작했고 아직 끝나지 않은'이라는 현재진행형의 CORE 때문에 '지금 눈이 내리고 있고, 이후에도 계속 눈이 올 것이다'라는 의미를 갖게 된다.
그러나 현재완료 진행형은 '과거에서부터 계속 be ~ing였던 상황을 지금 have하는' 것에 초점이 맞춰져 있다. 미래의 상황(예: 또 눈이 내릴지 아닐지)에 관해서는 관심이 없다. 그래서 현재완료 진행형인 위의 예문을 눈이 그친 상황일 때도 쓸 수 있는 것이다.

SECTION 3
영어에 '미래형'은 없다
불확실한 앞으로의 일을 어떻게 표현할까?

● **구분하여 사용할 수 있는가?**

미래를 나타내는 표현 방법을 알아보는 것을 끝으로 PART 2 를 마무리하겠다. SECTION 3 에서는 '미래 시제를 나타내는 미래형에 관해 배우겠구나'라고 생각할 수도 있다. 그러나 "미래 시제"나 "미래형"이라는 용어 대신 굳이 '미래를 나타내는 표현 방법'이라고 한 데에는 이유가 있다. 놀랍게도, **영어에는 '미래형(미래 시제)'이 없다**. 말도 안 되는 이야기라고 따지고 싶을 수도 있다. 우선, 기존에 미래 시제에 관해 배운 내용을 떠올려 보자.

--------------------------- T R A D I T I O N A L W A Y ---------------------------

1 미래 시제를 나타내는 미래형은 'will+동사원형' 형태로 쓴다.

2 will은 be going to로 바꿔 쓸 수 있다.

이렇게 배웠을 것이다. 그러나 이 정리는 영어 본래의 '미래를 나타내는 표현'과는 동떨어진 것이다. 다시 말하지만, 영어에는 미래형(미래 시제)이 없다. 그리고

will과 be going to는 완전히 다른 표현이다. 본격적인 설명에 들어가기 전에, 이번에도 퀴즈부터 풀어 보자.

> 갑자기 Laura가 집에 찾아왔다. Jack이 교통사고를 당해 병원에 입원했으니 같이 병문안을 가자고 온 것이다. 함께 가겠다고 답하려는 경우, ①과 ② 중 무엇이 올바른 표현인가?　　　　　　　　　　　　　　 🔎정답 p.98
>
> **Laura** (생략) ... so he is in the hospital now. Can you come with me to see him?
>
> 나　　① OK! I'll go with you.
>
> 　　　② OK! I'm going to go with you.

> 다음 상황에서 ①과 ② 중 더욱 자연스러운 말은 무엇인가?　　　🔎정답 p.104
>
> **A**　Don't you think she has put on some weight?
>
> **B**　Who?
>
> **A**　Christina. Look at her.
>
> **B**　Oh, I haven't told you?
>
> 　　　① She will have a baby in June.
>
> 　　　② She is going to have a baby in June.
>
> **A**　쟤 조금 살찐 것 같지 않아?
>
> **B**　누구?
>
> **A**　크리스티나 말이야. 봐 봐.
>
> **B**　어, 내가 말하지 않았나? 쟤 오는 6월에 아기를 낳을 예정이야.

두 퀴즈가 조금 어려울 수도 있다. 그러나 SECTION 3 을 마칠 즈음이면 쉽게 정답을 알게 될 것이다.

동사 go를 생각해 보자. go의 현재형은 go/goes, 과거형은 went이다. 그런데 go
의 '미래형'을 배운 적이 있는가?

영어로 미래를 나타낸다고 하면 will을 가장 먼저 떠올릴 것이다. 그러나 잘 생각
해 보면 will은 can이나 may처럼 조동사의 **현재형**이다(will의 과거형은 would이다). 여
기에서 알 수 있듯, 영어에는 '미래형'으로 표현되는 "미래 시제"가 존재하지 않는
다. 영어는 기본적으로 **현재형으로 미래를 표현한다.**

PART
2

○ I think he will be a professional football player.
　　나는 그가 프로 축구 선수가 될 것으로 생각한다.

그가 프로 축구 선수가 되는 것이 '미래의 일'이라고 해서 will be를 미래형으로 간
주하면, 아래 예문의 밑줄 친 부분도 모두 미래형으로 봐야 한다.

○ I think he can be a professional football player.
　　나는 그가 프로 축구 선수가 될 수 있을 것으로 생각한다.

○ I think he wants to be a professional football player.
　　내 생각에 그는 프로 축구 선수가 되고 싶어하는 것 같다.

○ I think he is willing to be a professional football player.
　　나는 그가 기꺼이 프로 축구 선수가 되고 싶어한다고 생각한다.

그러나 이 문장들은 모두 현재 시제 문장이다. 결국 will be를 미래형이라고 볼

근거가 없다.

미래는 불확실하다. 그래서 영어는 다양한 방법으로 미래의 불확실성을 표현한다. will이나 be going to는 그러한 표현 방식 중 하나일 뿐이다(이미 <kbd>SECTION 1</kbd> 에서 현재형이나 현재진행형으로 미래를 나타내는 경우가 있다고 설명했다). <kbd>SECTION 3</kbd> 에서는 will과 be going to의 **C O R E ◎** 를 다루겠다.

● will은 '의지가 있음'을 나타낸다

예전에 will은 미래를 나타내며, '~할 것이다/~할 예정이다'를 의미한다고 배웠을 것이다. 틀린 말은 아니지만, will이 본질적으로 가지는 뉘앙스까지 설명한 말은 아니다. 과연 원어민들은 will을 어떤 느낌을 표현할 때 쓸까? will의 **C O R E ◎** 는 **'의지가 있다'**이다.

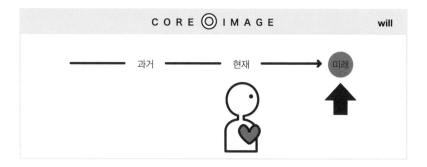

C O R E ◎ I M A G E 를 살펴보자. 지금까지 <kbd>PART 2</kbd> 에서 나왔던 그림들과는 달리, 화자의 심장 부근에 하트가 표시되어 있다. 이것은 화자의 마음에 '**~할 예정이다**', '**~하고야 만다**'라는 **의지가 있음**을 나타낸 것이다. 사전에서 will의 명사 뜻도 찾아보자. '**의지**'라는 뜻이 가장 먼저 나올 것이다. 이제 예문을 보자.

① I will do my best to pass the National Exam.
   국가고시에 합격하도록 최선을 다하겠다.

② I will never do that again. I promise.
   내가 다시는 그러지 않을게. 약속해.

1에서는 앞으로 국가고시 준비에 전력을 다할 것이라는 **의지**를 will로 표현했고, 2에서는 never를 동반하여 '두 번 다시 ~하지 않겠다'라는 **의지**를 상대방에게 보이면서 약속하고 있다. 이 두 예문에서 무엇을 알 수 있는가? 그것은 will이 나타내는 의지가 비교적 **강하고 확고하다**는 점이다.

● 단호함이 드러나는 '의지'

will의 **의지**에는 어느 정도 확고하고 강한 기세가 있다. 주로 **약속, 협박, 맹세, 굽히지 않는 주장, 확고하면서도 친밀한 요청** 등을 표현할 때 사용된다. 다음 예문을 보자.

○ I will write to you as soon as I arrive in Birmingham.
  약속 버밍엄에 도착하는 대로 너한테 편지를 쓸게.

○ I will get even with you!
  협박 반드시 복수하겠어!

○ We will.
  맹세 약속합니다. (※결혼식에서)

○ I will go there whatever happens.
  굽히지 않는 주장 무슨 일이 있더라도 저는 그곳에 가겠습니다.

○ We will help you if you need it.
  친밀한 요청 당신이 필요로 하면 우리는 당신을 돕겠습니다.

PART
2

모든 문장에 will의 **CORE ◎** 가 잘 드러난다. 앞으로는 will을 '미래를 나타내는 표현이다'처럼 모호하게 기억하지 않기를 바란다.

● 불현듯 생긴 '의지'

will의 **의지**에는 확고하고 강한 기세가 있다고 앞서 설명했다. 그런데 기세를 타고 '불현듯 의지가 생긴' 경우에도 will을 쓴다.

○ The phone is ringing. — I'll get it.
   전화가 왔어. — 내가 받을게.

○ Say hello to your family. — OK, I will.
   너의 식구들에게 안부 전해 줘. — 그럴게.

각 예문을 보면, 원래 의도하지 않았지만 하겠다는 '의지가 불현듯 생겼음'을 느낄 수 있다. 상황이 발생한 순간 의지가 생긴 것이다. will이 품고 있는, '무언가를 하려는 기세'가 이들 문장에도 잘 나타나 있다.

이제 94쪽의 를 다시 풀어 보자.

> 갑자기 Laura가 집에 찾아왔다. Jack이 교통사고를 당해 병원에 입원했으니 같이 병문안을 가자고 온 것이다. 함께 가겠다고 답하려는 경우, 1과 2 중 무엇이 올바른 표현인가?
>
> **Laura** (생략) ... so he is in the hospital now. Can you come with me to see him?
>
> 나　　1 OK! I'll go with you.
>
> 　　　2 OK! I'm going to go with you.

이제 답을 알 것이다. 정답은 〈1 OK! I'll go with you.〉이다. 같이 가자는 요청을 받은 그 순간 같이 가겠다는 '의지가 생긴' 것이다. 이런 상황에서는 will을 쓰는 것이 적절하다.

I'll go with you.

지금까지 본 will이 사용된 예문의 주어는 I 또는 we였다. 이것은 어찌 보면 당연하다. 보통 '자기(들) 의지'를 말하기 때문이다. 그럼 주어가 2인칭 you일 때는 어떨까? 화자가 멋대로 상대방의 의지를 이야기할 수 없다. 상대방의 의지는 물어볼 수만 있다. 그래서 '당신은 ~할 의지가 있나요?'라고 상대방의 의지를 Will you...?로 묻는다.

○ Will you go out with me?
　　저랑 사귈래요?

사랑 고백을 할 때 이렇게 말할 수 있다. '당신은 나와 사귈 의지가 있습니까?'라고 물음으로써 '사귀어 달라'고 요청하는 것이다. 프러포즈 멘트로 유명한 Will you marry me?도 마찬가지이다.

이처럼 '부탁'이나 '의뢰'할 때 Will you...?를 쓰면 된다. 창문을 열어 달라고 부탁하고 싶으면 Will you open the window, please?라고 말하자.

지금껏 **의지**를 나타내는 will에 관해 알아보았다. 그러나 will에는 또 하나의 중요한 용법이 있다. 바로 **미루어 짐작함**을 나타내는 용법이다. 이것에 관한 자세한 설명에 들어가기 전에 will의 CORE ◎ IMAGE 를 다시 살펴보자.

PART
2

화자의 심장 부근에 하트 표시를 함으로써 '이렇게 할 거야'라는 의지가 마음속에 있음을 드러냈다. 그러나 조금 다르게 바라보자. **'이렇게 될 것이다'라고 미루어 짐작함(예측)이 마음에 있다**고 생각할 수 있는데, 이것이 바로 '~할 것이다'라고 해석하는, **미루어 짐작함**을 나타내는 will의 용법이다. Andrew will be back in about half an hour(앤드루는 약 30분 내로 돌아올 것이다).라는 문장의 will은 앤드루가 30분 정도 뒤에 돌아오는 일이 '반드시 일어난다'고 **미루어 짐작함**을 드러낸다. 이 용법은 보통 3인칭 주어일 때 쓰지만, 1인칭이나 2인칭 주어일 때도 쓰인다.

○ We will be very busy tomorrow.
  우리는 내일 많이 바쁠 것이다.

○ You will be scolded by the teacher.
  너 아마도 선생님께 혼날 거야.

'미루어 짐작하는' will의 용법을 학습할 때 그 바탕에 '의지가 있다'라는 점을 잊지 않는 것이 중요하다. 조금 더 쉽게 설명하겠다. will의 **CORE◎**는 **'의지가 있다'**이다. 약속, 위협, 맹세 등을 표현할 때 will을 쓰는데, 이때의 will에는 비교적 확고하고 강한 의지가 있음을 느낄 수 있다. 이 용법이 will의 본질이다. 이러한 will을 **미루어 짐작하는** 상황에 쓴다면 미루어 짐작하는 내용의 **'확실성(실현 가능성)이 상당히 높음'**을 나타내게 된다.
다음 두 예문을 비교해 보자.

○ It will rain this afternoon.
  오늘 오후에는 (아마도 확실히) 비가 내릴 것이다.

○ It may rain this afternoon.
  오늘 오후에 비가 내릴 수도 있다.

두 문장 모두 조동사(will과 may)를 사용하여 **미루어 짐작하는** 내용을 표현하고 있지만, 원어민들은 will이 사용된 문장에서 비가 내릴 가능성이 훨씬 높다고 느낀다. will의 바탕에는 강한 의지가 깔려 있기 때문에 '확실성이 더 높다'고 느끼게 되는 것이다.

마지막으로, 마틴 루터 킹 목사의 연설문에서 발췌한 문장을 보자. will이 미루어 짐작하는 용법으로 사용되었으나 그 이면에 강한 의지가 있음을 느낄 수 있을 것이다.

I have a dream that my four little children <u>will</u> one day <u>live</u> in a nation where they <u>will not be judged</u> by the color of their skin...

⟨Martin Luther King, Jr., *I Have a Dream* Speech, 1963⟩

나에게는 꿈이 있습니다. 그것은 언젠가 나의 네 명의 자녀가 피부색으로 판단 받지 않는 나라에 살게 되리라는 것입니다. (중략)

• be going to의 정체

이제 미래를 나타내는 또 다른 대표 표현인 be going to에 관해서 알아보자.

지금까지는 'will=be going to'라고 배웠을 것이다. 그러나 이 두 가지는 전혀 다른 방식으로 미래를 표현한다. She is going to have a baby(그녀는 곧 아기를 낳을 거야).라는 문장을 살펴보자. 이 문장을 찬찬히 보면 앞서 배운 **현재진행형과 형태가 같다**는 것을 알 수 있다. 결론부터 말하자면, 현재진행형의 CORE를 이해하는 것이 be going to를 파악하는 토대가 된다. 이제 본격적으로 be going to에 관해 설명하겠다.

다음 현재진행형 예문을 살펴보자.

○ **She is walking to the station.**
그녀는 역으로 걸어가고 있다.

현재진행형의 **C O R E ◎ I M A G E** 를 떠올려 보자. 그리고 예문의 상황을 머리에 그리면 '지금 걷고 있는' 사람의 모습이 그려질 것이다.

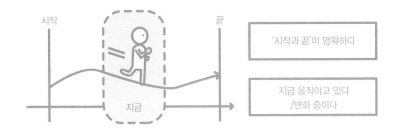

그럼 이제 예문에 나온 전치사 to에 관해 알아보자. to의 **C O R E ◎** 는 **'대상으로 향하다/대상과 마주하다'**이다(170쪽). 예를 들어, to의 '대상'이 '집(목적지)'이라고 가정하고, '그녀는 집으로 걸어가고 있다'라는 뜻의 문장을 그림과 함께 표현한다면 아래와 같다.

① **She is walking to the house.**

이제 be going to가 쓰인 예문 ②와 그 상황을 묘사한 그림을 보자.

2 She is going to have a baby.

기존에는 2를 '미래의 일'을 나타내는 용법의 be going to가 사용된 문장이라고
했다. 그러나 자세히 보면 2와 1은 둘 다 현재진행형 문장이다. 이것으로 보아
'be going to는 현재진행형과 유형이 같다'라고 할 수 있다. 1의 '집을 향해 (지
금) 길이가고 있다'처럼, 2는 '아기를 낳는 **행위를 향해 상황이 진행되고 있다**'라
는 것을 나타낸다. 이미 아기를 배고 있고, 출산이라는 정해진 행위를 향해 나아
가고 있는 것이다. 이것은 현재진행형의 **C O R E** ◎ 인 **'시작했고 아직 끝나지
않은, 즉 계속 움직이고 있다'**를 정확히 드러낸다. 이미 배 속에 아기가 있는데,
의지를 나타내는 will을 써서 She will have a baby(그녀는 아기를 가질 거야).라고 하지
는 않는다. be going to의 정체를 이해했는가? be going to의 **C O R E** ◎ 는 **'어
떤 행위를 향해 일이 진행되고 있다'**이다.
이제 94쪽의 QUIZ B 를 다시 풀어 보자.

PART 2

QUIZ B

다음 상황에서 1과 2 중 더욱 자연스러운 말은 무엇인가?

A Don't you think she has put on some weight?

B Who?

A Christina. Look at her.

B Oh, I haven't told you?

      1 She will have a baby in June.

      2 She is going to have a baby in June.

A 쟤 조금 살찐 것 같지 않아?

B 누구?

A 크리스티나 말이야. 봐 봐.

B 어, 내가 말하지 않았나? 쟤 오는 6월에 아기를 낳을 예정이야.

이젠 답을 알 것이다. (QUIZ) B 의 정답은 〈②She is going to have a baby in June.〉이다.

be going to는 '~할 것 같다', '계획으로는 ~하기로 되어 있다', '~할 예정이다', '~하려는 중이다' 등 여러 의미로 사용된다. 예를 들어, We're going to get a new house soon(조만간 집을 새로 살 예정이다).라고 하면 이미 '집을 사는' 방향으로 일이 진행되고 있음을 나타낸다. 부동산에 가거나 집을 살 예산에 관해 이야기하는 등 집을 사기 위한 일이 진행되고 있는 것이다.

이제 더 이상 'will=be going to'라고 생각하지 말기 바란다. 이 둘의 차이를 분명하게 이해하는 데에 도움이 될 만한 예를 더 들겠다.

여행을 갈 건데 상당히 오랫동안 버스를 타야 한다는 이야기를 듣고서 "나 멀미 날 것 같아"라고 말하고 싶을 때는 I will be sick.이라고 하면 된다. 멀미할 '가능성이 높으므로' will을 사용하는 것이다. 한편, 버스를 탄 도중에 멀미가 심해져 토할 것 같다면 I'm going to be sick.이라고 한다. 이미 '토하다'라는 행위를 향해 상황이 진행되고 있기 때문이다.

또 다른 예를 살펴보자. 저녁 무렵, 서쪽 하늘에 비구름을 발견하고 "내일은 비가 올 것 같아"를 영어로 말하려고 한다면 It will rain tomorrow.가 자연스러울 것이다. **현실성(실현 가능성)이 높은 일을 미루어 짐작하는** 상황이기 때문이다. 한편, 이미 비구름이 많이 발달하여 날이 어둡고 찬 바람이 부는 등 곧바로 비가 내릴 것 같을 때는 It is going to rain(비가 곧 올 것 같아).이라고 말하는 것이 자연스럽다. **상황(일)이 이미 시작되어 진행되는** 느낌이기 때문이다. will과 be going to의 차이를 제대로 파악하기를 바란다.

be going to가 나타내는 미래와 현재진행형이 나타내는 미래의 차이는 무엇일까? 결론부터 말하자면, 큰 차이는 없다. 양쪽 다 **현재진행형**으로, **일이 이미 시작되어 진행되고 있음**을 드러낸다. 다만 be going to가 '(대상을) 향해 가다'라는 의미의 going to 때문에 '(행위에 도달할 때까지) **약간 거리가 남은**' 느낌을 준다. 마지막으로, 다음 두 예문을 비교하면서 읽어 보자.

[오전 10시에 오늘 밤 일정에 관한 질문을 받은 상황]

○ I'm going to watch *Parasite* on TV tonight.
　　나 오늘 밤엔 TV에서 방영되는 〈기생충〉을 볼 예정이야.

[영화 시작 5분 전에 친구의 전화를 받은 상황]

○ I'm watching *Parasite* on TV tonight.
　　나 오늘 밤에 (곧) TV에서 방영되는 〈기생충〉을 볼 거야.

✦✦ N E W　A P P R O A C H ✦✦

1. will의 **C O R E** ◎ 는 **'의지가 있다'**이다.
2. will의 **의지**에는 비교적 강하고 확고한 **기세**가 있다.
3. 2인칭 주어의 의지를 물어봄으로써 **부탁/의뢰**할 수 있다.
4. 'will=be going to'가 아니다.

PART
2

기존 문법서는 영어에 12개의 시제가 있다고 한다. 그러나 그 12시제를 개별적으로 공부할 필요 없이, PART 2 에서 다룬 현재형, 현재진행형, 현재완료형, 과거형, will, be going to의 **C O R E** ◎ 만 알면 그 지식을 바탕으로 각 시제를 쉽게 이해할 수 있다. 이제 시제의 CORE를 익혔으니 자신 있게 활용해 보자.

PART 3

조동사의
CORE를 잡아라

PART 3에서는 조동사에 관해 배운다. 조동사는 화자가 본인의 판단이나 의견을 나타낼 때 사용한다. 조동사마다 뜻이 무척 많다고 생각할 수 있지만, 각각의 CORE를 익히면 쉽게 이해할 수 있다.

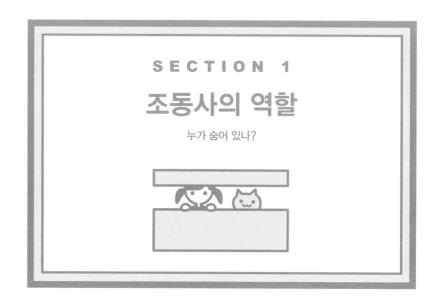

SECTION 1

조동사의 역할

누가 숨어 있나?

• 조동사의 역할

PART 3 의 주제는 조동사이다. 조동사란 무엇인가? 조동사의 본질을 자세히 설명하는 영어 문법서가 많지 않아서, 이 질문을 받으면 "동사를 돕고, 문장에 의미를 조금 더 추가하는 역할을 하는 품사"라든가 "조동사 뒤에는 동사원형이 붙는다" 정도로 모호하게 답하는 사람이 대부분일 것이다.

TRADITIONAL WAY

1. 조동사의 본질에 관해 별로 설명하지 않는다.
2. 조동사는 동사에 의미를 추가하는 역할을 한다.
   (예 can '~할 수 있다', may '~일지도 모른다' 등)

그러나 이런 정도의 지식을 가진 걸로는 조동사를 제대로 이해하고 있다고 말할 수 없다. 이해를 잘 못하는데 제대로 활용하는 것은 더더욱 어렵다.

다음 예문은 어떻게 해석해야 할까?

○   Watching TV can be boring.

이 문장에서 can을 '~할 수 있다', '~할 줄 알다'로 해석하면 의미가 이상해진다. 이 문장은 'TV를 보는 것은 때때로 지겨울 수 있다'라는 뜻이다. 예전에 조동사 can에는 '**~일 수 있다**'란 의미도 있다는 것을 외운 기억이 있을 것이다. 그러나 단순히 문법 규칙과 여러 문법 요소의 수많은 뜻을 외우는 학습법은 더 이상 추천하고 싶지 않다. CORE를 배우자. CORE를 알면 이해가 쉬워지고 암기할 양이 준다. 이번 PART 3 에서는 조동사의 **C O R E** ◎ 를 소개한다. 대표적인 조동사의 CORE는 SECTION 2 에서 다루고, SECTION 1 에서는 조동사 자체에 관해 좀 더 설명하겠다.

조동사라고 할 때 우리가 머리에 떠올리는 can, may, must, shall, will은 법조동사(modal verb)이다. '법조동사'라는 용어가 익숙하지 않을 텐데, '법'이 대체 무엇일까? 문법 용어로서의 '법'의 뜻을 사전에서 찾아보면 다음처럼 설명되어 있다.

법

인도유럽어족 언어에서 '화자의 심적인 표현 태도'가 동사의 어형에 나타난 것

영어는 인도유럽어족에 포함되며, 어형이란 '말의 형태'이다. 이 정리에 근거해 조동사가 동사의 형태와 밀접한 영향이 있다는 것을 알 수 있다. 이 설명에서 주목해야 하는 것은 '화자의 심적 표현 태도'이다. 이 말은 과연 무슨 의미일까? 아래 예문을 살펴보자.

○   He buys a new computer every year.
그는 매년 새 컴퓨터를 산다.

이 예문에는 법조동사가 사용되지 않았다. '그는 매년 새 컴퓨터를 산다'라는 단순한 사실을 기술할 뿐이며, 등장인물은 주어인 he뿐이다. 그렇다면 다음 예문은

어떠한가?

○ He can buy a new computer.

그는 새 컴퓨터를 살 수 있다(고 나는 생각한다).

○ He may buy a new computer.

그는 새 컴퓨터를 살지도 모른다(고 나는 생각한다).

○ He must buy a new computer.

그는 새 컴퓨터를 사야 한다(고 나는 생각한다).

법조동사가 사용된 이들 문장에는 주어인 he 외에도 숨은 등장인물이 존재한다.
바로 이 문장의 화자, 즉 '나'다. 법조동사는 **말하는 내용에 관한 화자의 판단이나**
의견을 문장에 싣는 역할을 한다. 이 '숨은 등장인물'이 법조동사를 이해하는 데
에 대단히 중요하다.

한 친구가 "요즘 TV에서 재미있는 걸 많이 해서 TV 보는 게 즐거워"라고 이야기
해서 내가 다음처럼 말했다고 가정하자.

○ Watching TV can be boring.

TV 시청도 지겨울 수 있다고 나는 생각해.

이 문장에서 화자인 '나'는 can을 사용하여 TV 시청에 대한 **나의 판단, 의견을 상**
대방에 전달했다. 이것이 법조동사의 역할이다. 법조동사를 올바르게 사용할 수
있게 되면 영어로 표현할 수 있는 폭이 한층 넓어진다.

참고로, be와 have, do도 조동사로 분류할 수 있지만, 이들에게는 법의 기능이
나 의미가 없다. 이들은 화자의 생각을 표현하는 것이 아니라 의문문, 부정문,
완료형, 진행형, 수동태, 능동태 등을 만드는 문법적 기능을 하는 조동사이다.

PART 3 에서는 **화자의 판단, 의견**을 나타내는 법조동사에 초점을 맞추겠다.

✦ N E W A P P R O A C H ✦

1. can, may, must, shall, will은 **법조동사**이다.
2. '법'은 **화자(나)의 판단, 의견**이다.
3. '화자(나)의 판단, 의견'을 드러내고자 할 때 법조동사를 사용한다.

앞으로 PART 3 에서는 **법조동사**를 "**조동사**"라고 부르겠다. 굳이 강조하고 싶을 때만 '법조동사'로 지칭할 생각이다. 대표적인 조동사 can, may, must가 화자의 판단, 의견, 기분을 어떻게 문장에 드러내는지 살펴보자.

PART
3

법조동사의 과거형을 마스터하자

could, might, would는 can, may, will의 과거형으로 많이 알려졌지만, 이들과는 다른 뉘앙스를 전달한다.

could / might / would
➡ can / may / will보다 실현 가능성이 낮은 상황을 나타낸다

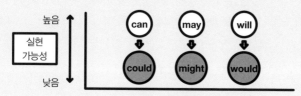

더욱 정중한 느낌 부여

<u>Could</u> you please give me your email address?
괜찮으시다면 이메일 주소를 알려 <u>주시겠어요?</u>

가정하기

She <u>might</u> be talking on the phone.
어쩌면 그녀는 통화 중일지도 몰라.

낮은 확신의 짐작

That <u>would</u> be wonderful!
만약 실현된다면 그건 정말 멋질 거야!

화자의 현재 상황에서 '떨어져 있는', '먼' 인상 때문에 실현 가능성이 낮아지는 느낌을 전달한다.

물론 could, might, would가 단순히 과거의 일을 나타내기도 한다.

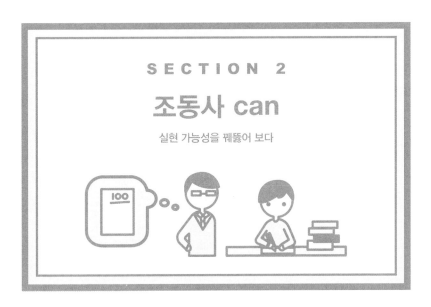

SECTION 2

조동사 can

실현 가능성을 꿰뚫어 보다

- **can의 본질적인 의미는 '능력'이 아니다**

can은 '**~할 수 있다/~할 줄 알다**'라는 뜻으로, 능력을 나타내는 조동사라고 배웠다. 또한, 'can=be able to'라고 기억하는 사람이 많을 것이다.

TRADITIONAL WAY

① can은 '~할 수 있다/~할 줄 알다'라는 의미로, **능력**을 나타낸다.
(**예** He can play the piano. 그는 피아노를 칠 줄 안다.)

② can 대신 be able to로 바꿔 사용할 수 있다.

can이 '~할 수 있다/~할 줄 알다'라는 의미인 것은 분명하다. 그러나 그것만으로 조동사 can을 완전히 안다고는 말할 수 없다. 우선, QUIZ A 와 QUIZ B 를 풀어 보자.

다음 문장을 알맞게 해석하시오. ⌕정답 p.114

A lot of accidents can happen here.

예전에 어느 미국 대통령이 퇴임을 앞두고 한 고별 연설 중에 "Yes, we can!"을 연호한 적이 있다. 이 문장을 "Yes, we are able to!"로 바꿔서 쓸 수 있을까?

⌕정답 p.122

바로 QUIZ A 부터 살펴보자. 이 문장을 '여기서 많은 사고가 일어나는 일을 할 수 있다'라고 해석하면 어떤가? 이상하다고 느낄 것이다. **can의 본질적인 의미는 '능력'이 아니다.** can의 CORE ◎ 는 **'실현 가능성이 있다고 생각하다'**이다.

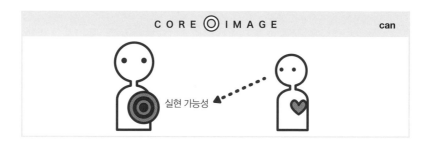

무언가에 대해 **'실현 가능하다'라고 화자가 생각할 때**, 법조동사 can을 써서 표현한다. QUIZ A 의 문장은 '사고가 자주 일어날 수 있는 가능성'을 **내가 꿰뚫어 보고 있다**는 의미의 발언이므로, 이 문장은 〈이곳에서는 사고가 빈번하게 일어날 수 있다(고 생각한다)〉로 해석해야 맞다.

상황을 판단하여 가능성을 꿰뚫어 보다

can은 **행위**의 실현 가능성을 이야기하는 경우 '**~할 수 있다/~하는 것이 가능하다**'로, **상황**의 실현 가능성을 이야기하는 경우 '**~일 수 있다**'라는 두 가지 의미로 해석된다. '행위의 실현 가능성'에서 **능력**을 표현하는 용법이 나왔다. Louise can speak French and Spanish.와 같은 문장이 능력을 표현하는 대표적인 예문으로, 해석하면 '루이스는 프랑스어와 스페인어를 말할 수 있다'이다.

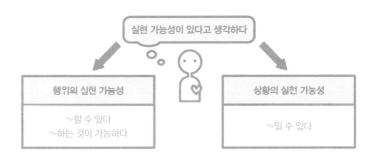

모든 "조동사에는 크게 두 가지 의미가 있다"는 말을 들어 본 적 있는가? 분명, can에는 '~할 수 있다'와 '~일 수 있다'라는 두 가지 의미가 있다. 그러나 두 가지 의미가 있더라도 '**CORE는 하나**'이다.

다시 말하지만, can의 **C O R E ◎** 는 '**실현 가능성이 있다고 생각하다**'이다. can의 **C O R E ◎** 을 생각하면서 다음 예문을 읽어 보자.

○　You can play the trumpet very well.
　　너 트럼펫을 아주 잘 부는구나.

○　He always says, "I can climb Mt. Everest."
　　그는 언제나 자기가 에베레스트산을 오를 수 있다고 말한다.

○　Mary can be very unpleasant at times.
　　메리는 간혹 매우 무례하게 굴 때가 있다.

○　That can't be true!
　　그게 사실일 리가 없어!

○ He can't be working so late at night.

그가 이렇게 밤늦게까지 일하고 있을 리가 없다.

제시된 모든 문장에서 **'실현 가능성이 있다고 생각하다'**가 느껴질 것이다. 마지막 두 예문은 부정문인데, 이는 **'실현 가능성이 없다고 생각하는'** 것이므로 '~일 리가 없다'로 해석한다.

● can의 의미 확장 – 허가/허락

다음 예문은 어떻게 해석할까?

○ You can smoke here.

can의 C O R E ◎ 가 **'실현 가능성이 있다고 생각하다'**이므로 이 문장은 '여기서 담배를 피우는 일이 가능하다', 즉 '여기서 담배를 피워도 괜찮다'라고 상대방에게 담배 피우는 행동을 허가/허락하는 의미를 전달하고 있다.

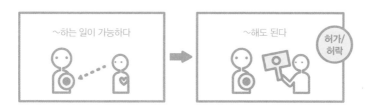

can의 중요한 용법 중 하나가 바로 '~하는 일이 가능하다→**~해도 괜찮다**'라고 상대방에게 **허가/허락**의 의미를 전달하는 것이다. 이때 can 뒤에 not을 붙이면 '허가하지 않다'라는 의미가 된다.

이 **허가/허락**의 can을 일상에서 자주 쓴다. 다음 예문을 보자.

○ OK, you can go there alone.

그래. 너 혼자 거기 가도 돼.

허가/허락

가는 것이 가능하다
➡ 가도 된다

이 예문을 부모가 아이에게 썼다면 아이가 '혼자서 외출하는 것이 가능하다'라고 부모가 인정하고, 그 행동을 **허가/허락**하는 것이다.

○ You <u>can't</u> speak Korean in this classroom.

　　이 교실에서는 한국어로 이야기해서는 안 됩니다.

허가/허락하지 않다

한국어로 말하는 것은 가능하지 않다
➡ 한국어로 이야기해서는 안 된다

안녕하세요

실현 가능성을 not으로 부정하고 있기 때문에 '인정하지 않는다', 다시 말하면 '**허가/허락하지 않는다**'라는 의미가 전달된다.

● can의 의미 확장 – 부탁

다음 예문을 해석해 보자.

○ <u>Can</u> you put this box on the desk?

직역하면 '당신은 이 상자를 책상 위에 올려놓을 수 있습니까?'로, 실제로 그런 능력이 있는지 물어보는 것일 수도 있다. 즉, this box가 매우 무거워서 '(내가 드는 것은 무리인데) 당신은 이 상자를 책상 위에 올려놓을 수 있나요?'라고 **능력**을 묻는 것으로 해석할 수 있다. 그러나 일반적으로 Can you put this box on the desk?는 상자를 책상 위에 올려 달라고 **부탁**하는 말이다. 해석하면 '이 상자를 책상 위에 올려놓아 주실 수 있나요?'이다. '~하는 것이 가능할까요?'가 '**~해 주실 수 있나요?/~해 주시겠어요?**'로 확장되는 것이다.

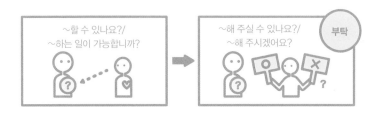

부탁하는 의문문에서 부탁받는 상대방은 일반적으로 you(듣는 사람)이다. 따라서 상대방에게 어떤 일을 부탁하고 싶을 때는 흔히 Can you...? 형태를 쓴다.

○ **Can you** lend me some money, please?
    나에게 돈을 좀 빌려줄 수 있어?

○ **Can you** wait a minute?
    잠시만 기다려 주시겠어요?

드물게, can으로 부탁을 표현하는데 주어가 you가 아닌 경우도 있다. 반드시 주어가 you로 고정된 것은 아니다. 조동사 can이 쓰인 문장은 can의 **실현 가능성**을 바탕에 두고 의미를 생각하는 것이 중요하다.

○ **Can we** meet up tomorrow morning at the Daegu station?
    우리 내일 아침 대구역에서 만날 수 있을까?
    ➡ 일종의 부탁

그런데 상대방이 무언가를 해 주기를 바랄 때 쓸 수 있는 가장 단순한 표현 방법은 명령문이다. 예를 들어, Open the bottle!은 '병을 따!'라는 명령문이다. 이런 명령문 문장의 맨 앞 또는 끝에 **please를 붙이면 보다 정중한 표현이 된다**고 배웠을 것이다. Please open the bottle. 또는 Open the bottle, please.와 같이 말이다. 그러나 **이것은 생각만큼 정중한 표현이 아니다.** please를 붙여도 결국 상대방에게 '~해 달라'라는 **직접적인 요구**임에는 변함이 없기 때문이다.

그럼 상대방에게 정중하게 부탁하고 싶을 때는 어떻게 말할까? Can you...?나 PART 2 에서 배운 Will you...?를 쓰면 된다. Can you...?는 기본적으로 '~하는 일이 가능합니까?'라고 **에둘러 묻는** 것이므로 그만큼 정중한 느낌이 전달된다.

○   **Can you** open the bottle?
    병을 따 주시겠어요?

이보다 조금 더 정중하게 표현하고 싶다면 위의 문장 끝에 please를 붙여서 Can you open the bottle, <u>please</u>?라고 말하면 된다. Will you...?도 **에둘러 묻는다**는 점에서는 Can you...?와 같다. '~할 의지가 있습니까?'이기 때문에, '~해 줄 수 있나요?'라고 **부탁**하는 뉘앙스를 전달할 수 있다.

쓰기 쉬우면서, 상대방에게 '매우 정중하게' 부탁하는 표현법을 하나 더 소개하겠다. 해외여행 중이라고 상상하자. 관광지에서 누군가에게 사진을 찍어달라고 부탁하고 싶을 때 어떻게 말하겠는가? 아마 "Take a photo of us."라고 말하는 사람은 없을 것이다. 이것은 처음 보는 사람에게 '우리 사진을 찍어라'라고 명령하는 것이기 때문이다. 이럴 때 Can you...?를 사용하여 "<u>Can you</u> take a photo of us, please?"라고 표현하면 적당하다. 직역하면 '당신은 우리 사진을 찍을 수 있습니까/찍는 것이 가능합니까?'이다. 그런데 주어가 you여서 이 또한 대놓고 요구하는 인상을 줄 수 있다. 그래서 나온 것이 Can I ask you to...?이다. "<u>Can I ask you to</u> take a photo of us, please?"라고 하면 더할 나위 없이 정중하게 부탁하는 표현이 된다. 왜 그럴까? **주어가 you가 아니라 I이기 때문**이다. '당신은 사진을 찍는 게 가능한가요?'가 아니라 '당신께 사진을 찍어 달라고 **내가** 부탁하는 게 가능할까요?'라고 묻는 것이다(심지어 '부탁하다'라는 뜻의 동사 ask까지 썼다). 이렇게 돌려 말하면 상대방에게 매우 정중한 인상을 준다.

~해 줘/~해라

주어가 'I(자신)'이므로
에둘러 말하는 인상을 준다

~해 달라고 내가 부탁해도 될까요?
➡ 매우 정중함

한 원어민 친구가 이런 말을 한 적이 있다. "Basically, the longer, the politer(기본적으로, 문장이 길면 길수록 정중한 느낌이 든다)." 이 말을 머릿속에 기억해 두자.

● can을 항상 be able to 대신 쓸 수 있을까?

마지막으로, 기존 문법서에 can과 관련해 항상 나오는 'can과 be able to를 서로 바꿔 쓸 수 있다'라는 내용을 짚고 넘어가자.

be able to의 **CORE ◎** 는 '~할 능력을 갖추고 있다'이다. 따라서 can을 **능력**의 의미로 사용했다면 can과 be able to는 거의 비슷한 뜻이므로 바꿔 쓸 수 있다.

CORE ◎ IMAGE   be able to

능력을 갖추고 있다

○ She can play the piano very well.
  ≒ She is able to play the piano very well.
  그녀는 피아노를 매우 잘 칠 수 있다.

그러나 can이 '~일 수 있다'라는 의미일 때는 can을 be able to와 바꿔 쓸 수 없다.

○   A lot of accidents <u>can</u> happen here.
    여기에서는 사고가 자주 일어날 수 있다.

    ≠ A lot of accidents <u>are able to</u> happen here.

can은 **실현 가능성**을 나타내므로, '사고가 자주 일어날 가능성이 있다'라는 예문의 의미가 바로 전달될 것이다. 그러나 can 대신 '~**할 능력을 갖추고 있다**'라는 뜻인 be able to를 쓰면 의미가 올바로 전달되지 않는다. 이제 결론을 내리겠다. can을 항상 be able to로 바꿔 쓸 수 있는 것은 '아니다'.

그럼 114쪽에 나온 의 답을 생각해 보자.

QUIZ B

예전에 어느 미국 대통령이 퇴임을 앞두고 한 고별 연설 중에 "Yes, we can!"을 연호한 적이 있다. 이 문장을 "Yes, we are able to!"로 바꿔서 쓸 수 있을까?

can의 **C O R E** ◎ '**실현 가능성이 있다고 생각하다**'를 염두에 두고 "Yes, we can!"을 생각하면 '(하려고 마음먹는다면) 우리는 (그것을 실현)할 수 있다고 **나는 생각한다**'라는 의미이다. 미국 국민을 독려하여 결속을 불러일으키는 열정적인 슬로건인 것이다. 그러나 "Yes, we are able to!"라고 하면 의미가 달라진다. 앞서 be able to의 **C O R E** ◎ 는 '**~할 능력을 갖추고 있다**'라고 배웠다. 그렇기 때문에 '무엇을 하는 것이 가능하다'라는 **객관적 사실**을 기술한 문장이 되어 연설 의도에서 멀어지게 된다.

따라서 [QUIZ]-[B]의 답은 〈"Yes, we are able to!"로 바꿔 쓸 수 없다〉이다.

[1] can의 **CORE ◎**는 '**실현 가능성이 있다고 생각하다**'이다.

[1] **실현 가능성이 있다고 생각하기** 때문에 can의 긍정문은 **허가/허락**을, 부정문은 **허가/허락하지 않음**을 나타낸다. **정중하게 부탁**할 때는 can을 의문문으로 쓴다.

[3] be able to의 **CORE ◎**는 '**~할 능력을 갖추고 있다**'이다. 따라서 **능력**에 관해 말하는 경우에만 can을 be able to로 바꿔 쓸 수 있다.

SECTION 3

조동사 may

50%의 확률을 완곡하게 표현한다

● 하나의 뿌리에서 나온 두 가지 의미 ◀

SECTION 3 에서는 조동사 may에 관해 다룬다. may도 법조동사이므로 **화자의 판단을 문장에 나타내는** 역할을 한다. 기존 문법서에서는 may에 관해 어떻게 설명하는지부터 보자.

----- TRADITIONAL WAY -----

may에는 크게 '~해도 된다'와 '~일지도 모른다/~일 수도 있다'라는 두 가지 의미가 있다.

흔히 "모든 조동사에는 크게 두 가지 의미가 있다"고 이야기하는데, 이 두 가지 의미란 행위와 관련있을 때와 상황과 관련있을 때의 의미를 일컫는다. 그러나 **가장 본질적인 의미는 하나다.** 그것이 바로 이 책에서 다루는 CORE이다. may도 그 CORE만 확실하게 이해하면 쉽게 사용할 수 있다. 우선, QUIZ 부터 풀어 보자.

1과 2에 드러나는 화자의 판단은 각각 어떻게 다른가?　　　　　○정답 p.129

1　You will know the answer sooner or later.

2　You may know the answer sooner or later.

이 QUIZ 의 정답은 SECTION 3 을 마칠 즈음이면 자연스레 알게 될 것이다. 그럼
본격적으로 may를 파헤쳐 보자.

● **may에는 강제성이 없다**

may의 CORE ◎ 는 '**(강제성 없이) 어느 쪽이든 상관없다고 생각하다**'이다.

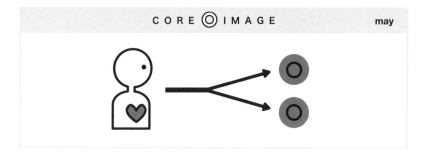

'강제성이 없다'는 것은 may를 이해하는 데에 있어 아주 중요한 포인트이다. '어
느 쪽이든 상관없다', '50% 정도의 확률이다'라는 화자의 유연한 입장을 나타내
는 것이 may의 CORE ◎ 이기 때문이다. 다음 예문을 살펴보자.

○　You may go if you want.
　　가고 싶으면 가도 돼.

흔히 may는 **행위**에 관해 '**(그 행위를) 해도 되고, 안 해도 된다고 생각하다**'라는
의미를 나타낼 때 쓴다. 예문을 보면 상대방에게 가도 되고, 안 가도 된다고 이야

기하고 있는데, 그 안에는 어떠한 강제성도 느껴지지 않는다. '반드시 가야 한다'
라고 상대방에게 강제성을 느끼게 하는, 즉 강요하는 You must go.와는 다르다
(※조동사 must는 <u>SECTION 4</u> 에서 상세하게 다룬다). If you come to my house tomorrow,
he may come as well.이라는 문장은 '내일 우리 집에 올 때 그가 같이 와도 된다'
라는 뜻이다. he가 우리 집에 오는 것에 관해 부드럽게 허가/허락하고 있지만, he
는 굳이 '안 와도 상관없다'.
그럼 may가 쓰인 의문문은 어떻게 이해하면 될까?

○　May I ask you a personal question?
　　개인적인 질문을 해도 될까요?

may가 의문문에 사용되면 '(내가) ~해도 되겠습니까?'와 같은 뉘앙스로 부드럽
게 상대방에게 **허가/허락**을 요청하는 표현이 된다. 위 질문에 대해 다음처럼 답
할 수 있다.

○　Sure. Go ahead. / Yes, please. / Sorry, you can't.
　　물론입니다. 뭐든 물어보세요. / 네, 그러세요. / 죄송하지만, 안 되겠습니다.

PART
3

그런데 may 의문문에 답할 때는 주의가 필요하다. May I ask you a personal
question?이라는 질문을 받았을 때 Yes, you may.라고 답하면 '응 너는 그래도
돼'라고 **허가/허락**하는 말이 되어 고압적인 느낌을 준다. '그러고 싶다면 그렇게
해도 된다'라는 뉘앙스이다. 따라서 일반적으로 may 의문문에 may나 may not
으로 답하는 것은 피하는 쪽이 좋다.
그렇다면 어떻게 답하는 게 좋을까? 동등한 관계이거나 상대방이 자기보다 손윗
사람이면 긍정일 때는 Sure(물론입니다). 또는 Yes, please.라고 하는 것이 무난하다.
부정일 때는 일의 가능성 자체를 부정하는 No, you can't.로 답하면 된다. No,
you may not.은 '허가/허락하지 않는다'라는 의미를 전달하기 때문에 이 역시 고
압적으로 느껴진다.

○ <u>May</u> I see your driver's license? — Here you are.

운전면허증을 보여 주시겠어요? — 여기 있습니다.

○ <u>May</u> I use your smartphone? — Of course, you can.

제가 당신의 스마트폰을 사용해도 될까요? — 물론이죠.

may 의문문은 주어가 대부분 I로, <u>May I...?</u> 형태이다. 가게에 들어가면 점원이 흔히 "<u>May I help you?</u>"라고 말한다. 직역하면 '(만약 당신이 허락한다면) 제가 도와드려도 될까요?'인데, 강제성이 없고 겸손한 뉘앙스를 전달하기 때문에 상대방의 입장을 존중하는 정중한 표현이 된다. <u>May I ask your name?</u>은 '내가 당신의 이름을 물어봐도 될까요?'라고 정중히 묻는 것이다.

• may의 부정문

그렇다면 may의 부정문은 어떨까?

놀랍게도, may가 가지는 **부드러움이 사라진다.** may의 C O R E ◎ 는 '**(강제성 없이) 어느 쪽이든 상관없다고 생각하다**'인데, may not이라는 부정형으로 쓰이면 '어느 쪽이든 상관없다고 **생각하지 않는다**'가 되기 때문에 '**~해서는 안 된다**'

라는 **강압적인 부정**이 된다. 예를 들어, You <u>may not</u> smoke here.는 '이 장소에서 흡연해서는 안 된다', 즉 '이곳에서 흡연하지 마시오'라는 **강압적인 부정/금지**의 뉘앙스를 전달한다.

반면, 같은 내용을 May I...?를 사용하여 <u>May I ask you not to smoke here</u>(이곳에서 흡연하시지 않도록 제가 부탁해도 될까요)?라고 하면 정중하고 부드러운 표현이 된다. 이것을 기억하고 지질하게 사용하자.

● '~일 수도 있다/~일지도 모른다'의 may

지금부터는 may를 **상황**과 관련해 쓸 때 어떤 의미를 나타내는지 설명하겠다. 먼저, may의 **C O R E ◎** 로부터 파생된 두 가지 의미를 확인하자.

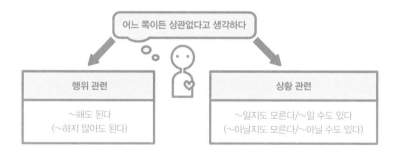

그럼 다음 예문은 어떻게 해석해야 할까?

○　He <u>may</u> be swimming in the pool.

이 문장의 뜻은 '그는 수영장에서 수영하고 있을지도 모른다'이다. may의
C O R E ◎ 가 **'(강제성 없이) 어느 쪽이든 상관없다고 생각하다'** 인데, 상황과
관련해서 '어느 쪽이어도 상관없다'라는 것은 **'~일지도 모른다(또는 그렇지 않을**
수도 있다)' 라는 것이다.

○ This book <u>may</u> be difficult for you to understand.

위의 예문은 '이 책은 당신이 이해하기에는 어려울지도 모른다(그렇지만 어렵지
않을 수도 있다)'라는 의미로, 화자의 확실치 않은 추측/짐작을 드러낸다. 이와
같은 용법으로 may를 사용하는 예로, "BRIDGE MAY BE ICY(전방 교량에 살얼음이
얼었을 가능성 있음)"라는 도로표지판 문구가 있다.

예문 He <u>may</u> be swimming in the pool.을 다시 살펴보자. 이 문장은 he가 수영
장에서 헤엄치고 '있을 수도 있다'라는 **가능성을 추측**하고 있다. 이때의 may는
'확실치 않은 추측'이기 때문에 '(어쩌면) **그렇지 않을 수도 있다**'라는 의미도 갖
게 된다.

참고로, 조동사 will에도 **추측/짐작**의 의미가 있다고 배운 내용을 기억하는가?
will은 그 속에 강한 '의지'가 존재하므로 확신에 찬 느낌을 전달하지만(※'추측/짐작'
용법일 때의 will에 관한 설명은 [PART 2] 참고), may는 확률이 50%인 느낌이다. '그럴 수도
있고, 아닐 수도 있는' 정도이다.

여기까지 따라왔다면 이제 124쪽의 (QUIZ)를 다시 풀어 보자.

1과 2에 드러나는 화자의 판단은 각각 어떻게 다른가?

1   You will know the answer sooner or later.

2   You may know the answer sooner or later.

두 문장 다 will과 may라는 **법조동사**가 사용되어 '**화자의 판단**'이 드러나 있는데, 두 문장의 뉘앙스 차이는 크다.

1의 경우, will은 강한 '의지'가 담긴 **추측/짐작**이므로 '당신은 조만간 답을 알게 될 것입니다'처럼 강한 확신에 찬 어조로 해석한다. 한편, 2는 may가 '확실치 않은 추측'을 나타내므로 '당신은 조만간 답을 알게 될 수도 있습니다' 정도로 해석한다. 알게 될 수도 있고 그렇지 않을 수도 있는 것이다. 따라서 QUIZ의 정답은 〈1은 강하게 확신하는 '추측/짐작', 2는 그럴 수도 있고 아닐 수도 있는 '추측'〉이다.

정리하겠다. may의 **C O R E ◎** 는 '**(강제성 없이) 어느 쪽이든 상관없다고 생각하다**'로, '**~해도 된다**'와 '**~일지도 모른다**'라는 의미를 나타내고 싶을 때 may를 쓴다.

참고로, 부사 **maybe**(아마)에 관해서도 알아 두자. maybe는 may be(~일 수도 있다)에서 만들어진 단어로, '**반반의 확률이기 때문에 확실하게 여겨하다고 이야기하기 어렵다**'라는 의미를 나타낸다. 높은 확률을 나타내는 probably(아마도/십중팔구)와는 뉘앙스가 다르므로 이 두 단어의 차이도 확실히 이해하여 올바로 사용하자.

✦ N E W   A P P R O A C H ✦

1   may의 **C O R E ◎** 는 '**(강제성 없이) 어느 쪽이든 상관없다고 생각하다**'이다.

2   '**어느 쪽이든 상관없다고 생각하기**' 때문에 부드러운 뉘앙스의 **허가/허락**, 확실치 않은 **짐작/추측**을 나타낸다.

C O L U M N

'기원/축원'의 의미를 나타내는 may

> 조동사 may의 의미

(강제성 없이) 어느 쪽이든 상관없다고 생각하다

'강제성이 없다'를 확장해서 생각하면 '방해하는 것이 없다'도 된다.

May her dream come true!
그녀의 꿈이 이루어지기를!

문장 맨 앞에 may를 놓음으로써 일종의 명령문으로 만들 수 있다.

> 보통, 명령문은 동사를 문장 앞에 놓는다.

'(신이여), ~을 방해하지 마십시오', 즉 '~해 주시기를'이라는 뉘앙스를 표현한다.

May God be with you.
신이 당신과 함께하시기를.

'신의 가호가 당신과 함께하기를'이라는 의미의 이 말은 흔히 기독교 신자들 간에 대화를 마무리할 때 쓰인다. 영화 〈스타워즈〉 시리즈에 나오는 명대사 May the force be with you(포스가 너와 함께 하길).도 이 말을 살짝 바꾼 것이다.

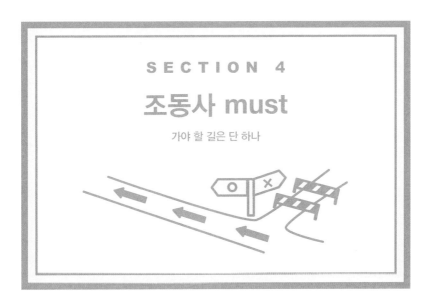

SECTION 4
조동사 must
가야 할 길은 단 하나

• 두 가지 의미가 있지만, 그 뿌리는 하나

SECTION 4 에서는 조동사 must에 관해 알아보자. must도 **법조동사**이다. 법조동사의 기능은 **화자의 판단을 문장에 드러내는** 것이다. 본격적으로 must를 배우기에 앞서 기존 문법서에서는 must를 어떻게 설명하는지 살펴보자.

--------- T R A D I T I O N A L   W A Y ---------

1. must에는 '~해야 하다'와 '~이 틀림없다'라는 의미가 있다.
2. must는 have to로 바꿔 쓸 수 있다.

자, 39쪽의 CORE 학습의 2대 원칙을 떠올려 보자. 첫 번째 원칙은 '**형태가 다르면 의미도 다르다**'이고, 두 번째 원칙은 '**형태가 같으면 공유하는 본질적인 의미가 있다**'이다. 뜬금없이 'CORE 학습의 2대 원칙' 이야기를 꺼낸 이유는 무엇일까? 바로 T R A D I T I O N A L   W A Y 2의 내용 때문이다. 이것은 'CORE 학습의 2대 원칙' 중 첫 번째 원칙에 어긋난다. 이에 관한 구체적인 내용은 차차 설명하겠다. 지금 알아둘 것은, 오늘날 영어에서는 must와 have to의 뜻 차이가 거의 없는 것으로 보지만, 두 표현 뿌리가 다르다는 점이다.

이제 아래 퀴즈를 풀어 보자.

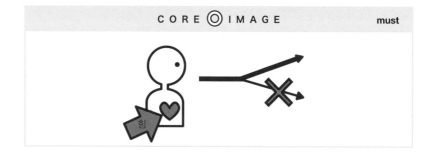

QUIZ

다음 문장은 의미는 전달되지만, 원어민이 들었을 때는 어색한 문장이다.
어색함을 없애려면 어떻게 고치면 될까?　　　　　　　　　　　🔍정답 p.137

I must write up this report now, but I will go to the movies instead.
나는 지금 이 보고서를 써야 하지만, 그 대신 영화를 보러 갈 것이다.

어려운가? 바로 본론으로 들어가겠다.

● must에는 '강제하는 힘'이 작용한다

must의　CORE ◎ 는 '(어떤 강제하는 힘이 작용하고 있어서) 그 외에는 선택지가 없다고 생각하다'이다.

CORE ◎ IMAGE　　　　　　　　　**must**

힘

must의 핵심은 '**어떤 강제하는 힘이 작용하고 있다**'이다. 강제하는 힘 때문에 '그 외의 선택지가 없다'고 판단을 내리는 것이다. must는 법조동사이므로, '그 외에는 없다'는 **화자의 판단**이다. 다음 예문을 읽어 보자.

○　It's my job. I must finish it.
　　이건 내 일이야. 내가 끝내야만 해.

책임

사명

강제하는 힘

일에 대한 책임,
사명이 주어진다

이 경우, 나에게 주어진 일이라는 의식이 책임감, 사명감 등의 감정을 일으켰고, 그 감정이 '강제하는 힘'으로 작용하여 I must finish it(내가 끝내야만 한다).이라고 말하게 되는 것이다.

I must do it.이라는 문장도 보자. must가 쓰였기 때문에 '강제하는 힘'이 작용하고 있다는 것을 알 수 있다. 이 힘은 외부적 요인에 의한 것일 수도, 책임감이나 의리 등 내부적 마음가짐에 따른 것일 수도 있다. 그러나 **최종적으로 '~해야 한다'라고 판단하는 것은 화자**이다. As a Korean citizen, you must pay taxes(한국 국민이라면 세금을 납부해야 한다).라는 문장이나 I must have my hair cut(머리를 잘라야겠어).이라는 문장에서도 최종 판단을 내리는 것은 '화자'이다.

법조동사

➡ 판단을 내리는 것은 화자

그렇다면 must가 '~해야 하다'의 뜻이므로 must는 절박하거나 의무적인 상황에서만 쓰는가? 그렇지 않다. You must see that movie(너 저 영화 꼭 봐)!처럼도 쓴다. 이때의 must는 '꼭 ~하기를 바라다'라는 강한 권유를 나타낸다.

그럼 다음 예문은 어떤가?

○ **You must be a genius.**
    너는 천재임이 틀림없어.

~이외에 있을 수 없다 ➡ ~임이 틀림없다

어떤 상황에서 '**그 외에는 선택지가 없다고 생각하다**'라고 판단하는 것은 '**~임이 틀림없다/(분명히)~일 것이다**'라고 말하는 것과 같다. 예문의 경우, 그림에서 상대방이 100점짜리 시험지를 여러 장 들고 있는 모습을 보고 화자는 '너는 천재임이 틀림없다'는 판단을 내린 것이다.

can이나 may처럼, must도 **행위**나 **상황**과 관련된 화자의 판단을 나타낼 때 쓰는데, 의미는 크게 두 가지이다.

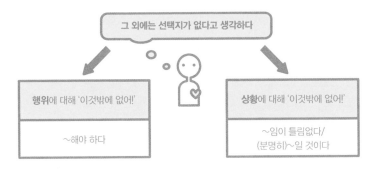

그 외에는 선택지가 없다고 생각하다

행위에 대해 '이것밖에 없어!'
~해야 하다

상황에 대해 '이것밖에 없어!'
~임이 틀림없다/
(분명히)~일 것이다

'~임이 틀림없다/(분명히)~일 것이다'라고 추정하는 must가 사용된 예문을 몇 개 제시하겠다. must의 C O R E ◎ 를 떠올리며 읽어 보자.

○ What a strange way to dress. He <u>must</u> be a really great artist.

옷을 진짜 특이하게 입었네. 쟤는 분명히 대단한 예술가일 거야.

○ You <u>must</u> be starving.

너 분명히 배가 엄청 고프겠다.

○ She <u>must</u> be very good at telling fortunes.

그녀는 점을 굉장히 잘 보는 게 틀림없어.

모든 예문에 must가 사용되어, '그 외에는 선택지가 없다→**~임이 틀림없다/(분 명히)~일 것이다**'라는 뜻을 전달하고 있다. 이처럼 '~해야 하다'와 '~임이 틀림 없다/(분명히)~일 것이다'는 얼핏 보면 전혀 다른 의미 같지만, 하나의 CORE로 부터 나온 것이다. 'CORE 학습의 2대 원칙' 중 두 번째 원칙 '**형태가 같으면 공**

유하는 본질적인 의미가 있다'를 떠올려 보자.

• must와 have to는 뿌리가 다르다

이제 must의 동의어로 자주 사용되는 have to에 관해 살펴보겠다. 오늘날 영어에서는 must와 have to의 뜻 차이가 거의 없다. 둘 다 '~해야 하다'이다. You must go home.이나 You have to go home.이나 모두 '너는 집에 가야 해'라는 뜻이다.

그러나 'CORE 학습의 2대 원칙' 중 첫 번째 원칙인 '**형태가 다르면 의미도 다르다**'를 기준으로 보면, must와 have to는 완전히 같은 의미가 아니라는 것, 즉 미묘한 뉘앙스 차이가 있음을 알 수 있다. 지금부터는 그 차이를 설명하겠다. 이를 통해 must를 더욱 깊이 이해하고 제대로 사용할 수 있기를 바란다.

CORE ◎ IMAGE

have

법조동사인 must는 '**다른 선택의 여지가 없다고 생각하다**'라는 화자의 판단을 나타낸다. 무언가 저항하기 어려운 힘이 강제적으로 작용하고 있는 느낌이다. 한편, have to에는 화자의 판단이 '없다'. have의 **CORE ◎** 을 떠올려 보면 쉽게 이해될 것이다. 'A have B' 의 관계를 다시 생각해 보자.

'A have to do'는 'A(주어)가 to do(이제부터 무언가를 하려는 것)를 가지고 있다'라는 의미이다. I have to see the dentist(나는 치과에 가야 한다).라는 문장을 예로 들자면, 'to see the dentist(치과에 가는 것)'를 화자가 have(가지다)함으로써 '치과에 가야 하는 상황을 갖게' 된 것이다. 여기에는 화자의 판단이 들어가 있지 않다. 그저 상황이 주어진 것뿐이다. 즉, have to는 '**~해야 하는 상황을 가진 것**'임을 드러낸다.

그러나 미묘한 차이는 있지만, '~해야 하다'라는 의미일 경우, must 대신 have to를 써도 크게 문제 될 것은 없다. 이 두 표현의 차이를 지나치게 의식할 필요는 없겠다. 단, 두 표현의 뿌리가 다르다는 점은 기억하자.

그럼 마지막으로, 132쪽에 나온 (QUIZ) 의 답이 무엇일지 생각해 보자.

다음 문장은 의미는 전달되지만, 원어민이 들었을 때는 어색한 문장이다. 어색함을 없애려면 어떻게 고치면 될까?

I must write up this report now, but I will go to the movies instead.

나는 지금 이 보고서를 써야 하지만, 그 대신 영화를 보러 갈 것이다.

이 퀴즈를 푸는 열쇠는 '**must는 법조동사이고 have to는 법조동사가 아니다**'라는 것이다. 무슨 말인지 풀어서 설명하겠다. 퀴즈의 I <u>must</u> write up this report now, but I <u>will</u> go to the movies instead.에는 must와 will이라는 법조동사 두 개가 한 문장 안에 사용되었다. 법조동사는 '화자의 판단'을 나타내는데, 이 문장에서는 '**다른 의미**'를 표현하는 화자의 판단이 두 번에 걸쳐 나왔다. 다시 말하면, 이 문장은 서로 모순되는 내용을 담고 있다. 문장이 주는 뉘앙스를 자세히 풀면, '나는 지금 이 보고서를 써야 하는 것 **외의 다른 선택지가 없다**(고 생각하는데), 대신에 영화를 보러 갈 **의지가 있다**'는 것이다. 뭔가 이상하게 느껴질 것이다.

그러면 must 대신 have to를 써서 문장을 I <u>have to</u> write up this report now, but I <u>will</u> go to the movies instead.로 바꿔 보자. have to는 '**~해야 하는 상황을 가지다**'이므로, '나는 지금 이 보고서를 써야 하는 **상황에 처해 있지만**, 대신에 영화를 보러 갈 **의지가 있다**'라는 의미가 되어 어색함이 사라진다. 한 문장 안에 화자의 판단을 나타내는 법조동사가 하나만 쓰이면서 자연스러워진 것이다. 따라서 〔QUIZ〕의 정답은 〈must를 have to로 바꾼다〉이다.

정답을 맞히지 못했어도 걱정할 필요가 없다. 이 퀴즈를 낸 목적은 ┃ PART 3 ┃을 끝내기 전에 법조동사의 역할을 다시 한번 짚기 위함이므로, 해설을 읽으면서 법조동사에 관해 이해하게 되었다면 그것으로 충분하다.

PART
3

✦ NEW APPROACH ✦

① **must**의 **C O R E ◎** 는 '**(어떤 강제하는 힘이 작용하고 있어서) 그 외에는 선택지가 없다고 생각하다**'이다.

② must의 의미가 '(어떤 행위를)~해야 하다'이면 have to와 거의 같은 뜻이므로, 이때는 둘을 바꿔 쓸 수 있다.

이로써 PART 3 도 끝났다. '(법)조동사는 화자의 판단을 나타낸다'라는 것이 조동사를 제대로 쓰기 위해 반드시 알아야 할 핵심이다. 이 점을 잘 이해하여 조동사를 유창하게 쓸 수 있게 되기를 바란다.

PART 4

수동태에도
CORE가 있다

PART 4에서는 수동태를 다룬다. 수동태가 단순히 능동태를 바꿔 쓴 것
이라고 생각하면 오산이다. 수동태만의 역할이 따로 존재한다. 능동태로
는 표현할 수 없는 의미를 수동태를 통해 표현하자.

● '수동태다움'을 이해하자

PART 4 에서 다룰 주제는 수동태이다. 수동태에 관해 공부할 때 능동태 문장을 수동태로 바꿔 쓰는 연습을 주구장창 하면서 올바르게 바꿔 쓰는 방법을 익히는 것만으로 학습을 마치는 경우가 많다. 그래서 수동태 문장은 잘 만들어도, 수동태를 언제, 왜 쓰는지를 모르는 사람이 많다. 영어 원어민이 굳이 수동태를 사용하는 본질적 이유는 모르는 것이다.

수동태에는 수동태만의 역할이 있다. 수동태는 능동태로는 나타내기 어려운 뉘앙스를 표현한다. 수동태의 본질을 파헤치기에 앞서, 수동태에 관해 기존에 배운 내용을 알아보자.

1 수동태는 '~당했다'는 의미를 나타낼 때 사용한다.

2 수동태는 'be동사+과거분사(+누구에 의해)' 형태로 나타낸다.

3 '누구에 의해'는 'by+사람'으로 나타내지만, 생략할 수 있다.

4 능동태를 수동태로 전환할 때 아래처럼 바꿔 쓴다.

　　능동태 문장 : I love Mary.〈3형식〉

　　수동태 문장 : Mary is loved by me.

능동태를 수동태로 바꿔 쓰는 연습은 수동태 문장을 만드는 방법을 익히는 데에는 효과가 있다. 그러나 그것만으로 수동태 학습을 끝내는 것은 아쉽다.

지금부터는 수동태의 참맛을 느껴 볼 시간이다. 퀴즈부터 풀어 보자.

원어민은 아래 문장을 어색하다고 느낄 것이다. 왜일까?　　　　𝒫정답 p.147

My son is not so good with his hands. A tea cup was broken by him yesterday.

우리 아들은 손이 야무지지 않아요. 어제 걔 손에 찻잔 하나가 깨졌어요.

1 ~ 4 중, 올바른 문장은 무엇인가?　　　　𝒫정답 p.160

[뉴스를 듣고 기운이 빠진 상황]

1 I am disappointed by the news.

2 I am disappointed about the news.

3 I am disappointed at the news.

4 I am disappointed with the news.

지금은 어렵게 느껴질지 모르지만, PART 4 를 마칠 즈음이면 수동태의 CORE를 이해하게 되어 각 퀴즈의 정답을 쉽게 알 수 있을 것이다.

수동태를 이해하려면 자동사와 타동사가 무엇인지부터 짚고 넘어가야 한다. 다음 예문을 읽어 보자.

1 He pulled the cord .

그는 코드를 뽑았다.

2 He runs in the park.

그는 공원을 뛰어다닌다.

목적어를 취하는 동사는 **타동사**, 목적어를 취하지 않는 동사는 **자동사**라는 설명을 본 적이 있을 것이다. 목적어는 '동사가 나타내는 **동작이나 작용의 영향을 받는 대상**'이 되는 말이다. 즉, '**동사의 힘이 미치는 대상**'이라고 이해하면 된다. 타동사는 목적어가 필요하다. "타동사"의 '타'는 '**다른 것에 직접적으로 미치는 영향/작용**'이라고 이해하면 쉽다. 핵심은 타동사에는 동사의 영향/작용을 직접 받는 '대상'이 필요하다는 점이다.

예문으로 돌아가면, 1 He pulled the cord.에서 pull은 동작이 직접적으로 영향을 미치는/작용하는 대상(목적어) the cord 를 취하기 때문에 타동사이다. 만약 He pulled.로 문장이 끝났다면 영어 원어민은 '뭘 pull했다는 거야?'라고 물을 것이다. 이처럼 **동작이 영향을 미치는 대상이 필요한 것이** 타동사이다. 그에 비해, 2 He runs in the park.의 run은 **어떤 대상에 영향을 미치지 않으므로** 자동사이다.

한 가지 주의해야 하는 점은 하나의 동사가 어떨 때는 타동사, 어떤 경우에는 자동사로 사용되기도 한다는 사실이다. 예를 들어, He ran his car into the parking lot(그는 차를 주차장으로 몰았다).이라는 문장의 ran(run의 과거형)은 자동사일까 타동사일까? ran이라는 동작이 his car라는 '대상'에 직접 작용을 하고 있다. 따라서 2의 run과 달리, 이 문장의 run은 타동사임을 알 수 있다.

다른 예문도 살펴보자.

③ He chewed on a pencil.

④ He chewed a pencil.

③은 동사 chew(씹다, 물어뜯다) 뒤에 on a pencil이라는 전치사구가 있을 뿐, chew
라는 동작이 영향이나 작용을 미치는 대상인 **목적어가 없다**(전치사나 전치사구는 목적
어가 될 수 없다). 따라서 이 예문의 chew는 **자동사**라는 것을 알 수 있다. 전치사 on
이 chew와 pencil 사이를 가르는 역할을 한다. PART 1 에서 배웠듯이, on의
C O R E ◎ 는 '**접촉한**'으로, 이것은 chew라는 동작이 pencil의 표면과 접촉해
서 발생했음을 보여 준다. 따라서 ③을 해석하면 '그는 연필(의 일부분)을 씹었다'
이다.

그에 비해, ④의 chew 뒤에는 바로 a pencil이라는 명사가 왔기 때문에 이때의 a
pencil은 chew라는 동작이 직접적으로 영향을 미치는 대상, 다시 말하면 **목적어**
이다. 따라서 ④의 chew는 **타동사**이다. 타동사는 어떤 식으로든 목적어에 직접
영향을 미친다/작용한다는 점을 떠올려 ④의 상황을 머리에 그려 보자. 뭔가 어
색하지 않은가? chew가 pencil에 직접적으로 작용했기 때문에 연필을 껌처럼 입
안에서 씹어 먹는 듯한 그림이 그려질 것이다. 따라서 보통은 ③처럼 표현한다.
두 문장의 뉘앙스 차이만 확인하기를 바란다.

자동사와 타동사를 이해했다면 이제 본론인 수동태로 넘어가자.

능동태는 영어로 the active voice, 수동태는 the passive voice이다. 여기서 voice를 한국어로는 '태(주어와 동사의 동작 관계를 표현)'로 번역한다.

'대상에게 무언가를 한다'를 나타내는 것이 **능동태**이다. 한편, **'시점을 대상에 놓고, 행위자는 모호하게 나타내다'**가 수동태의 C O R E ◎ 이다.

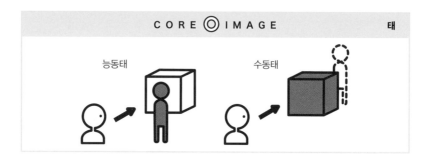

C O R E ◎ I M A G E   태

능동태   수동태

① Daniel <u>opened</u> that big door.

대니얼은 저 큰 문을 열었다.

①은 주어 Daniel이 door(문)라는 대상에게 open(열다)이라는 행위를 하고 있음을 나타내므로, 이 문장은 **능동태**이다. 한편, 시점을 행위자가 아닌 대상에 놓고 **'대상이 어떤 일을 당하다'**를 표현하는 것을 **수동태**라고 한다.

② That big door <u>was opened</u> by Daniel.

저 큰 문은 대니얼에 의해서 열렸다.

②는 door라는 대상이 be opened(열리다)라는 '행위를 당했음'을 표현하는 수동태 문장이다.

Daniel opened the door.

The door was opened.

수동태

능동태 문장과 달리, 시점을
행위의 대상(객체)에 둔다

구체적으로 말하자면, 능동태와 수동태는 내용상으로는 같은 이야기를 하지만, **화자의 시점이 어디에 놓였는지에 따라 표현하는 방식이 다른** 것이다. **시점이 '행위의 대상'에 놓여 있을 때**는 수동태를 사용한다. 수동태는 '**대상이 ~한 행위를 당하다(받다)**'라는 의미를 나타낸다.

[3] That big door <u>opened</u> at 7 am today.

저 큰 문은 오늘 오전 7시에 열렸다.

한편, [3]의 open은 자동사이다. 즉, 누군가가 문을 열었거나 문이 누군가에 의해 열린 것이 아닌, 단순히 문이 '열렸다'는 의미만 드러내고 있다. 이처럼 영어는 크게 세 가지로 말하는 방식이 나뉜다.

화자의 시점이 어디에 놓여 있는지가 중요하다. [1]Daniel <u>opened</u> that big door.에서는 화자의 시점이 Daniel에 놓여 있다. Daniel은 open이라는 행위를 한 사람이므로, 이 문장에서는 **행위자(주체)**이다. '**행위의 주체에 시점을 놓고 말하는 방식**'은 **능동태**이다.

한편, [2]That big door <u>was opened</u> by Daniel.에서는 화자의 시점이 that big door에 놓여 있다. that big door는 open이라는 **행위의 대상(객체)**이다. 이처럼 '**행위의 대상(객체)에 시점을 놓고 말하는 방식**'은 **수동태**이다.

이쯤 되면 감이 올 것이다. 기본적으로 **영어에서 시점은 '주어 자리에 있는 것'에 놓인다**. ③ That big door opened at 7 am today.의 경우, '문이 열렸다'라는 사실을 전할 뿐 '누가 열었는지' 행위자에 대한 것은 *(관심의 영역이 아니기에)* 이야기하지 않고 있다.

여기까지 이해되는가? 수동태는 '**be동사+과거분사**'가 기본 형태로, 시점을 '행위의 대상'에 두고 '**행위의 대상이 어떤 일을 당하다**'라는 사실을 중점적으로 표현한다는 것을 기억해 두자.

이제 다음 두 예문을 비교해 보자.

① I bought a very expensive tea cup last week. It looked really nice. But it was broken by my son yesterday.

　나는 지난주에 매우 값비싼 찻잔을 샀다. 아주 멋진 잔이었는데, 어제 우리 아들에 의해서 깨졌다.

② My son is not so good with his hands. He broke a tea cup yesterday.

　우리 아들은 손이 야무지지 않다. 걔는 어제 찻잔을 깨뜨렸다.

①에서 화자의 시점은 '찻잔'에 있다. 앞의 내용이 '찻잔을 산 일', '찻잔이 멋졌던 것'을 이야기하고 있기에, 자연스럽게 뒤 문장의 주어 자리에 it(찻잔)이 왔다. 화자의 시점이 찻잔에 있기 때문에 그 흐름을 계속 이어가는 것이다. 그런데 찻잔은 행위자가 아니라 '행위를 당하는 대상(객체)'이다. 그런 찻잔(it)이 '깨짐을 당했음'이 중요한 내용이기에 밑줄 친 부분을 수동태로 표현하고 있다.

한편, ②예문을 보면 밑줄 친 문장에서 화자의 시점은 행위자인 '아들'에 놓여 있다. 앞 문장을 봐도 '아들의 손이 야무지지 않은 편이다'라고 아들에게 시점이 맞춰져 있다. 따라서 뒤 문장을 '아들이 찻잔을 깨뜨렸다'라고 행위자의 행위를 중요하게 드러내는 능동태로 쓰는 것이다. 시점이 '행위자'에 있는데 갑자기 뒤의 문장을 <u>A tea cup was broken by my son yesterday.</u>처럼 수동태로 표현하면 자연스럽지 못하다. 이것이 141쪽에 실린 에 관한 내용이다.

원어민은 아래 문장을 어색하다고 느낄 것이다. 왜일까?

My son is not so good with his hands. A tea cup was broken by him yesterday.

우리 아들은 손이 야무지지 않아요. 어제 걔 손에 찻잔 하나가 깨졌어요.

의 답은 〈이야기 도중에 시점이 갑작스럽게 my son에서 a tea cup으로 이동했기 때문〉이다. 시점이 갑자기 바뀌었기 때문에 문장이 자연스럽게 연결되지 않고 어딘가 부자연스러운 느낌을 준다.

PART
4

SECTION 2

수동태의 역할과 형태

수동태를 사용하는 이유가 있다

● 수동태로 표현할 수 없는 경우

능동태와 수동태는 시점이 다르기 때문에, 기본적으로 **하는 역할이 다르다.** 하지만 두 형태의 문장을 기계적으로 치환하여 쓸 수 있다.

이 치환 방식을 예를 들어 설명하겠다. The horse kicked Alice(그 말은 앨리스를 찼다).라는 능동태 문장을 수동태 문장으로 어떻게 바꿀까? 먼저, 능동태 문장의 목적어를 수동태 문장의 주어 자리에 놓는다. 그리고 동사를 'be동사+과거분사' 형태로 고친다. 그렇게 해서 나오는 수동태 문장이 Alice was kicked by the horse(앨리스는 그 말에 의해서 차임을 당했다).이다.

여기에서 알 수 있는 것은, 목적어가 없는 문장은 수동태 문장의 주어 자리에 올 요소가 없기 때문에 수동태로 만들 수 없다는 점이다. 이것을 통해 **타동사는 수동태로 바꿀 수 있지만, 자동사는 수동태로 바꿀 수 없다**는 것을 알 수 있다. 이것은 매우 중요한 포인트이다. **수동태로 바꿀 수 있는 것**은 **타동사**라는 사실을 잊지 말자.

그러나 목적어가 있는 타동사 문장이라고 해서 항상 수동태로 바꿀 수 있는 것은 아니다. **타동사라고 해도 목적어(수동태의 주어)에 영향/작용을 끼치지 않거나 그 힘이 아주 약하면 수동태로 쓰지 못한다.** 다음 예문을 살펴보자.

○   His thesis lacks originality.
　　그의 논문은 독창성이 부족하다.

이 문장에서 동사 lack은 originality라는 목적어를 동반하고 있다. 그러나 lack이 목적어인 originality에 영향을 끼치거나 어떤 작용을 하는 느낌이 (거의) 없기 때문에, 이 문장은 수동태로 바꿀 수 없다.

아래 예문 또한 타동사가 쓰였지만, 수동태로 바꿀 수 없다. 그 이유는 위에서 설명한 것과 같다.

○   Joanna resembles her mother.
　　조안나는 자기 엄마를 닮았다.

● 수동태에는 수동태의 역할이 있다

능동태를 수동태로 바꾸는 방법을 아는 것은 수동태를 이해하는 데에 있어 큰 도움이 된다. 그러나 강조하고 싶은 것이 있다. 바로 **수동태 문장이 단순히 능동태를 '바꿔 쓴 문장이 아니다'**라는 점이다. **수동태에는 수동태만의 역할이 있다**. 지금부터 수동태의 역할이 무엇인지 알아보겠다. 다음 예문을 보자.

○   English is spoken all over the world.
　　영어는 전 세계에서 사용된다.

직역하면 '영어는 전 세계에서 말하여진다'인데, **누구**에 의해 사용되는지는 문장에 드러나지 않았다. 다시 말해 **행위자가 표현되어 있지 않다**. 예전에 수동태 문장에서는 행위자를 'by+행위자'로 표현하지만, 생략할 수도 있다고 배웠을 것이다. 그런데 이 '생략할 수도 있다'라는 말이 어떤 의미에선 적절하지 않다. 수동태 문장은 'by+행위자'를 드러내지 않는 것이 일반적이다. **행위자가 누구인지 확실하게 밝히기 어렵고 모호하기 때문에 수동태로 표현**하는 것이다. 이것이 수동태를 이해하는 데에 있어서 핵심이다.

조금 더 구체적으로 설명하겠다. '유미는 영어를 말한다'는 영어로 Yumi speaks English.인데, 이것을 굳이 English is spoken by Yumi.라는 수동태 문장으로 쓰면 부자연스럽다. 왜일까? 이 문장에서는 **행위자(행위의 주체)가 아주 명확하기 때문**이다. 수동태는 **시점을 '대상(행위의 객체)'에 두고 '행위자'가 주목되지 않게 하는 표현 방식**이다. '행위자가 주목받지 않게 한다'는 다음과 같은 의미가 있다.

English is spoken all over the world.라는 문장처럼 행위자가 누구인지 명확하게 밝히기 어려운 경우 수동태로 쓰면 적합하다.

이와 마찬가지로, 가방에 넣어 둔 지갑을 소매치기당했을 때 My wallet was stolen(내 지갑을 소매치기당했어).이라고 수동태로 표현하는 것이 자연스럽다. 이것도 훔쳐 간 행위자를 명확하게 특정하기 어렵기 때문이다.

한편, Ruth is loved by everyone(룻은 모두에게 사랑받는다).의 경우, 수동태 문장이지만 'by+행위자'를 써도 자연스러운 이유는 '사랑하는' 행위의 주체가 명확히 특정하기 어렵고 모호한 everyone이기 때문이다. 이 문장은 구체적으로 행위자가 '누구'인지 콕 집어 이야기하지 않고 있다.

다음 수동태 예문에서 행위의 주체인 행위자가 얼마나 모호한지 확인해 보자.

1 행위자를 명확히 밝히기 어렵다

Ruth is loved by everyone.

룻은 모두에게 사랑받는다.

2 행위자를 명확하게 밝히고 싶지 않다

Bombs were dropped on the village today.

오늘 그 마을에 폭탄이 투하되었다.

3 행위자를 밝힐 필요가 없다

Ships are often used to move products in the city.

그 도시에 제품이 수송되는 데에 흔히 배가 사용된다.

다음은 맛있게 차를 타는 방법을 설명한 글이다. 수동태가 어떻게 쓰이는지 확인하면서 글을 읽어 보자(번역은 의역했다).

Let's look at how to make tea. First, water is boiled and the tea pot is warmed. Next, the tea and boiling water are put into the pot. Then, the pot is left for 3 to 5 minutes. Finally, the tea is ready to be drunk.

차를 타는 방법을 알아봅시다. 먼저 물을 끓여 찻주전자를 덥힙니다. 그다음에 찻잎과 끓인 물을 주전자에 넣습니다. 그리고 3~5분 정도 찻잎을 우립니다. 드디어 마실 차가 준비되었습니다.

위에 제시된 예문뿐 아니라 글 속 문장 그 어디에도 'by+행위자'가 나오지 않았다. 수동태는 'by+행위자'를 표현하지 않는 것이 일반적이라는 것을 기억해 두자.

바로 앞에서 언급했지만, 수동태는 'by+행위자'를 쓰지 않는 것이 일반적이다.
그렇지만 굳이 'by+행위자'를 나타낼 때가 있다. 어떤 경우일까? 결론을 말하자
면, '(화자의 시점은 행위에 대상에 맞추면서도) **누구에 의해 ~(행동)이 일어났
다**'를 강조하고 싶은 경우이다. 다음 예문을 보자.

○ **This book was written by my uncle.**
　　이 책은 우리 삼촌에 의해 쓰였다.

화자의 시점은 this book에 놓여 있지만, '우리 삼촌에 의해(by my uncle)'라고
행위자도 명확하게 밝히고 있다. 'by+행위자'를 말함으로써 행위자에 관한 정보
를 두드러지게 드러내는 것이다. 이런 수동태의 경우, 'by+행위자'를 나타내지
않으면 문장이 성립되지 않는다. 즉, This book was written.이라고만 하면 틀
린 문장이 된다. 이와 유사한 다른 예문도 보자.

○ **This temple was burned down by the general.**
　　이 사원은 그 장군에 의해 불태워졌다.

○ **She was nominated by the Academy again.**
　　그녀는 또 한 번 아카데미상 후보에 올랐다.

두 문장 모두 화자의 시점은 주어 자리에 있는 '(행위의) 대상'에 놓여 있지만, 동
시에 '주어는 **행위자에 의해** ~되었다/당했다'가 강조된다. 이처럼 기본적으로 수
동태 문장은 '행위자'를 모호하게 처리한다. 하지만 행위자에 관한 정보를 강조해
야 할 때는 'by+행위자'를 나타낸다.

이번 기회에 다양한 수동태 구조를 배워 보자. 먼저, 다음 예문을 읽자.

1. This sentence <u>can't be understood</u> by children.

   이 문장을 어린이들은 이해하기 어렵다.

2. Many stadiums <u>are being built</u> now in the city.

   그 도시에 많은 경기장이 지어지고 있다.

3. This movie <u>has been loved</u> for a long time.

   이 영화는 매우 오랫동안 사람들의 사랑을 받았다.

1은 **조동사를 동반한 수동태** 문장으로, '**조동사+be+과거분사**' 형태로 쓴다. 조동사 뒤에는 동사원형이 오므로 항상 be동사는 원형인 be로 써야 한다.

2Many stadiums <u>are being built</u> now in the city.는 **현재진행형 수동태**이다. 진행형 수동태는 '**be동사+being+과거분사**' 형태로 표현한다. 만드는 방법은 간단하다. 아래의 덧셈 공식을 기억하면 된다.

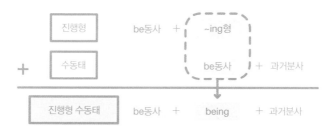

3This movie <u>has been loved</u> for a long time.은 **현재완료형 수동태**이다. 현재완료형의 **C O R E ◎** 가 '**과거를 끌어안고 있는, 즉 과거로부터 이어진 현재**'라는 것을 기억하는가? '이 영화는 과거로부터 지금까지 줄곧 사랑받아왔다'라는 사실을 표현하기 위해 현재완료형 수동태로 쓴 것이다. 완료형 수동태는 'have+been+done' 형태이다. 이 역시도 간단한 덧셈 공식으로 이해하고 기억하자.

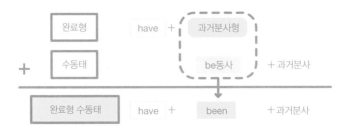

● 자동사인데 수동태로 쓸 수 있다?

앞서 수동태가 되는 것은 원칙적으로 타동사라고 배웠다. 그러나 수동태로 쓸 수
있는 자동사도 있다.
예를 들어, A little girl spoke to me in Paris(파리에서 어린 소녀가 나에게 말을 걸어왔다).라
는 문장을 생각해 보자.

동사가 자동사이기 때문에 얼핏 보면 수동태로 바꿀 수 없다고 생각할 수 있다.
그러나 speak to를 하나의 '동사 묶음'으로 보면, speak to가 그 뒤에 나오는 목
적어 me에 영향을 미친다(작용한다)고 볼 수 있으므로, 수동태로 바꿀 수 있다.

speak to(말을 걸다)와 같이 '**자동사+전치사**'로 된 묶음이나 look down on(낮춰 보다)처럼 '**자동사+부사+전치사**'로 이루어진 묶음을 구동사라고 한다. 구동사가 (전치사 뒤에 있는) 목적어에 '영향을 미친다(작용한다)'고 여겨지는 경우에는 수동태로 표현할 수 있다. 다른 예문도 살펴보자.

○ I was laughed at by the people there.
　나는 그곳에 있던 사람들로부터 비웃음을 당했다.

○ The prime minister is looked up to by many people.
　수상은 많은 사람으로부터 존경받고 있다.

이처럼 대상에 '영향을 미치거나 작용하는' 구동사는 수동태로 쓸 수 있다.

● **'get+과거분사'로 표현하는 수동태**

'**수동태에 be동사 대신 get을 사용해도 된다**'라는 이야기를 들어 본 적이 있는가? 수동태는 'be동사+과거분사' 형태로 나타내는 것이 기본이나, 'get+과거분사'로 표현할 수도 있다. 그러나 be동사가 쓰인 수동태와 get이 사용된 수동태가 100% 같은 의미일까?

CORE 학습의 2대 원칙에서 '**형태가 다르면 의미도 다르다**'라고 했다. 이 원칙대로라면 get이 쓰인 수동태는 be동사가 쓰인 수동태와 분명히 의미 차이가 있어야 하는데, 정말 그럴까?

이 궁금증을 해결하려면 get의 CORE를 알아야 한다. get의 CORE ◎ 는 '**(have하지 않은 상태로부터) have하는 상태로 변화하다**'이다. 예를 들어, I got some money. 라는 문장은 '돈이 좀 생겼다/

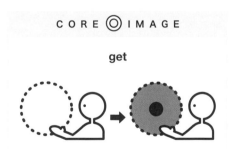

CORE ◎ IMAGE

get

돈을 좀 벌었다'로 해석하는데, '**돈이 없었던 상태에서부터 돈을 가진 상태로 변화했다**'라는 의미가 깔려 있다. It is getting dark(점점 어두워지고 있다).라는 문장 또한 get에 내포된 '**변화**'의 뉘앙스를 전면에 드러낸 것이다.

get의 뉘앙스가 잘 드러난 예를 하나 더 들겠다. 처음 세상에 아이폰을 공개하던 날, 스티브 잡스는 신제품 발표회장에서 뜸을 들이며 좀처럼 아이폰을 제대로 보여 주려고 하지 않았다. 제품을 설명하던 중 청중 반응을 살피다가 "Oh, are you getting it?"이라는 말을 툭 던졌다. '여러분, 아시겠습니까?'라는 의미인데, 여기서도 '**모른다'에서부터 '안다' 상태로 변화**하는 뉘앙스를 살리려고 get을 사용한 것이다.

get의 CORE를 이해했으면 이제 'get+과거분사' 수동태를 본격적으로 배워 보자. get을 썼으므로 '~**한 상태로 변화했다**'라는 의미가 강조된다. 문을 열려고 했는데 문이 잠겨 있었다고 가정하자. 나중에 이 상황을 말할 때 보통은 The door was locked(문은 잠겨 있었다).라고 하겠지만, '문이 잠긴 상태**로 변화했다**', 즉 '문이 잠겼다'라는 의미를 강조하고 싶다면 The door got locked.라고 한다.

get arrested(체포되다), get married(결혼하다) 등 be동사보다 get이 가진 '**변화**' 뉘앙스와 궁합이 좋아서 같이 쓰는 'get+과거분사' 형태의 수동태가 많다. 변화 뉘앙스를 느끼며 다음 예문을 읽어 보자.

○ He got kicked out of the country.
   그는 나라에서 추방되었다.

○ She got dressed just five minutes before the party.
   그녀는 파티 시작 5분 전에 옷을 갈아입었다.

○ They got married last week.
   그들은 지난주에 결혼했다.

수동태 문장에서는 행위자를 표현할 때 흔히 '**by+행위자**' 형태로 문장 끝에 나타내지만, 반드시 전치사 by만 써야 하는 것은 아니다. 감정동사가 쓰인 수동태의 경우, by를 거의 쓰지 않는다.

예문을 소개하기에 앞서, 감정동사에 관해 간단하게 설명하겠다. **감정동사란 '사람에게 감정을 불러일으키는/유발하는' 의미를 가진 동사**를 뜻한다. surprise가 대표적인 감정동사이다. surprise의 뜻은 '(사람을) 놀라게 하다'이지 '놀라다'가 아니다. 마찬가지로, excite는 '흥분시키다'이지 '흥분하다'가 아니다. tire는 '피곤하게 하다'이지 '피곤하다'가 아니다. 그렇기에 (자신을 포함하여) 누군가에게 어떤 감정을 느끼게 하는 것을 감정동사로 표현하는 경우, **수동태로 써야 한다**.

○ I am excited.
   나는 흥분했다(흥분시킴을 당했다).

○ He was amazed.
   그는 놀랐다(놀라게 함을 받았다).

○ She is so tired.
   그녀는 매우 피곤하다(피곤하게 함을 받았다).

○ I'm really surprised.
   나는 매우 놀랐다(놀라게 함을 받았다).

이것은 매우 흥미롭다. 영어에서는 감정이 자기 안에서 나온다기보다 '주어진다'라는 느낌으로 받아들이는 경우가 많다는 사실을 보여 주기 때문이다. 감정동사를 사용한 수동태 표현에서 **'어떤 원인에 의해' 그 감정이 일어나게 되었는지**를 보여 주는 전치사는 매우 다양하다. 다음 예문을 보자.

○ They were surprised at the singer's fantastic voice.
   그들은 그 가수의 환상적인 목소리에 놀랐다.

이 문장에서는 전치사 at이 쓰였다. Hey, look at the corner(야, 저 모퉁이를 봐)!에서도 알 수 있듯이 at에는 '**즉시성**'의 느낌이 있다. at을 사용함으로써 순간적으로 시

PART
4

157

선을 향하게 하는 느낌이 든다. 무언가에 반응하여 감정이 순식간에 일어나는 것을 나타낼 때 전치사 at을 쓰는 이유는 이 때문이다. 예문에서는 가수의 환상적인 목소리에 순간적으로 반응하여 They were surprised된 것이다. 이처럼 '순간적으로 무언가에 매우 놀라는' 감정을 표현할 때 at을 자주 사용한다.

○ She was shocked |at| the news.
그녀는 그 뉴스에 매우 놀랐다.

○ I was amazed |at| how beautiful the picture looked.
나는 그 그림의 아름다움에 놀랐다.

그럼 다음 문장은 어떨까?

○ I am concerned |about| you.
나는 네가 걱정돼.

CORE ◎ IMAGE
about

예문에 사용된 전치사는 about이다. **about**의 **C O R E ◎** 는 '**그 주변**'이다. 무언가의 주변 경계가 명확하지 않고 약간 뿌옇게 퍼져 있는 이미지를 머리에 그려 보자. 그 이미지를 바탕으로 예문의 about you를 생각하면 '너에 대한 이것저것'이라는 의미임을 알 수 있다. concern은 '~을 걱정하게 하다'라는 뜻의 동사이므로 수동태로 썼다.

이제 다음 예문으로 넘어가자.

○ She is satisfied |with| the result.
그녀는 그 결과에 만족하고 있다.

이번에는 전치사 with가 왔다. **with**의 **C O R E ◎** 는 '**~와 함께**'이다. with A라고 하면, A와의 **연계**를 의식하는 것이다. with가 감정을 나타내는 표현과 함께 나오면 '**해당 감정이 지속되고 있다**'는 느낌을 준다. 예를 들어, '그는 아직 나에게 화가 나 있다'는 영어로 He is still angry with me.이다. 158쪽 예문에서는 be satisfied(만족하고 있다)라는 상태가 the result(결과)와 **연결되어** 그 감정이 **지속**된다고 느끼게 한다.

CORE ◎ IMAGE

with

○ I am bored with his bad jokes.

나는 그의 질 나쁜 농담이 지긋지긋하다.

○ I am still confused with what you said to me before.

예전에 당신이 내게 말한 것 때문에 나는 아직도 혼란스럽다.

어떤 감정동사와는 꼭 이 전치사를 써야 한다는 규칙은 없다. 그러나 상황에 따라 더 잘 어울리는 조합은 있다. 감정동사 disappoint(실망하게 하다)가 수동태로 사용된 예문을 예로 들어 보겠다.

[바로 이(그) 자리에서 일어난]

○ I am disappointed at the news.

나는 그 뉴스에 매우 실망했다.

[그(사실, 사람 등)에 대한 이런저런]

○ I am disappointed about the news.

나는 그 뉴스에 대해 (이런저런) 실망이 많다.

[그(사실, 사람 등)로 인해 촉발된]

○ I am disappointed by the news.

나는 그 뉴스로 인해 실망했다.

[실망스러운 감정이 지속됨]

○ I am disappointed with the news.

나는 그 뉴스로 인해 (계속) 실망 중이다.

이처럼 수동태의 전치사구에 사용하는 전치사는 상황에 따라 다양하다.

이제 마무리로, 141쪽에 나온 의 답을 맞혀 보자.

┌───┐
│ ①~④ 중, 올바른 문장은 무엇인가?
│ [뉴스를 듣고 기운이 빠진 상황]
│ ① I am disappointed <u>by</u> the news.
│ ② I am disappointed <u>about</u> the news.
│ ③ I am disappointed <u>at</u> the news.
│ ④ I am disappointed <u>with</u> the news.
└───┘

지금이라면 이 퀴즈의 답을 쉽게 말할 수 있을 것이다. QUIZ B 의 답은 〈①~④ 모두 맞다〉이다. 선택지 중 일반적으로 쓰는 것은 ③이라고 생각하지만, 상황에 따라 모두 쓸 수 있다.

● 문법과 의미는 서로 뗄 수 없다

이제 수동태를 보는 관점이 달라지고, 어떻게 사용해야 하는지 이해되는가? 수동태와 능동태는 서로 '바꿔 쓸 수 있다' 정도로만 알아도 완전히 틀린 말은 아니다. 그러나 의미적인 측면을 고려하면, 수동태와 능동태는 화자의 시점이 놓이는 위치가 서로 다르므로 이 두 '태'는 다른 뉘앙스를 표현하는 역할을 한다는 것을 알 수 있다. 강조하려는 의미는 생각하지 않고 기계적으로 바꿔 쓸 줄 안다고 해서 수동태를 제대로 이해했다고는 볼 수 없다.

많은 경우, 문법을 배울 때 '문법'과 '의미'를 구별하여 생각하곤 한다. 그러나 문법에는 반드시 의미가 수반된다. 문법과 의미는 동전의 앞뒤처럼 떼려야 뗄 수 없는 관계이다. 의미를 제대로 전달하기 위해 문법이 있는 것이다. 문법의 CORE를 익혀서 알맞게 활용해 보자.

수동태의 CORE ◎ 는 '시점을 대상에 놓고, 행위자는 모호하게 나타내다'이다.

1. 화자의 시점에서 '대상이 ~한 행위를 당하다(받다)'를 표현할 때 수동태로 쓴다.

2. 기본적으로, 수동태로 쓸 수 있는 동사는 타동사이다. 타동사는 '대상(목적어)에 영향을 미치거나 어떠한 작용을 한다'.

3. 행위자(행위의 주체)가 명확하지 않아서 'by+행위자'를 나타내지 않는 수동태 문장이 수동태 본연의 모습이다.

PART
4

PART 5

준동사의 CORE를 알면 방황은 끝난다

PART 5에서는 준동사를 다룬다. 동사 뒤에 to do(to부정사) 형태를 쓸지 doing(동명사) 형태를 쓸지는 to부정사와 동명사의 CORE를 이해하면 확실하게 알 수 있다.

SECTION 1

동명사와 to부정사

동사와의 궁합에 따라 무엇을 쓸지 결정된다

● **동명사와 to부정사의 차이**

PART 5 에서는 준동사를 배운다. 지금까지 '준동사는 동사 자리가 아닌 곳에 사용되고, 그 동사적 특성 때문에 동사 역할을 한다. 준동사에는 동명사, to부정사, 분사가 있다'라고 배웠을 것이다. 그런데 이런 설명은 너무 어렵기만 하다.

PART 5 에서는 준동사 중에서도 동명사와 to부정사에 관해 집중적으로 다루면서 준동사의 핵심을 이해할 수 있게 도울 것이다. '동명사는 동사ing', 'to부정사는 to+동사원형', 'enjoy 뒤에는 동명사가 나온다' 등의 지식을 단순히 암기하는 것에서 벗어나 to부정사와 동명사의 CORE를 이해하자. 우선, 지금까지 동명사와 to부정사의 용법에 관해 배운 내용 중 하나를 읽어 보자.

TRADITIONAL WAY

to부정사의 '명사적 용법'과 '동명사'는 둘 다 명사 역할을 하므로 서로 바꿔 쓸 수 있다.

예전에는 이유도 모르면서 그냥 이 내용을 암기했을 것이다. 그러나 이제는 영어 원어민의 사고를 이해하고 그 방향으로 사고를 전환하여 표현할 수 있는 영문법을 익혀야 한다.

우선, 다음 퀴즈를 풀어 보자.

> ① ~ ③ 중에서 "내 취미는 플루트 불기입니다"를 영어로 알맞게 표현한 것을 고르시오.   🔎정답 p.166
>
> Ⓐ To play the flute is my hobby.
> Ⓑ Playing the flute is my hobby.
> ① Ⓐ와 Ⓑ 둘 다로 표현한다.
> ② Ⓐ처럼 표현한다.
> ③ Ⓑ처럼 표현한다.

> 제시된 한국어 문장을 영어로 알맞게 번역한 것은 무엇인가?   🔎정답 p.168
> "여왕과 직접 대화를 나누는 것을 상상할 수 있습니까?"
> ① Can you imagine talking to the Queen in person?
> ② Can you imagine to talk to the Queen in person?

> "당신을 만나기를 고대합니다"를 영어로는 I am looking forward to seeing you.라고 한다. to 뒤에 동사원형인 see가 아니라, 동명사형인 seeing이 나오는 이유는 무엇일까?   🔎정답 p.183

지금은 퀴즈들이 어렵게 느껴지더라도 ▮ PART 5 ▮를 읽고 나서 to부정사와 동명사의 CORE를 확실히 이해하게 되면 퀴즈의 답을 쉽게 구하게 될 것이다.

우선, 동명사에 관해 알아보자. (QUIZ) A 의 답은 무엇일까? 정답은 〈3〉이다.
영어 원어민은 "내 취미는 플루트 불기이다"를 To play the flute is my hobby.
가 아니라, Playing the flute is my hobby.라고 한다. '~하기(하는 것)'이기 때문
에 to부정사나 동명사 중 둘 다 써도 된다고 생각하고 1을 고른 사람이 많을 텐
데, 왜 영어 원어민은 이 경우에 Playing the flute, 즉 '동명사'를 쓸까?
다소 모호하게 느껴지겠지만, 동명사의 CORE ◎ 는 '동사가 머릿속에서 완전
히 명사화한 개념'이라고 생각하면 된다.

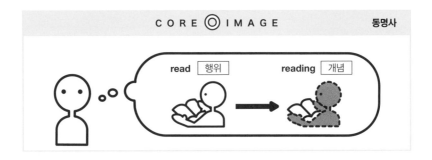

"저 사과를 따 줘"라고 할 때의 사과는 실제로 그 장소에 존재하는 사물이지만,
"사과는 맛있어"라고 말할 때의 사과는 화자의 머릿속에 있는 개념이다. '먹다'는
동사지만, '먹기'는 명사이다. 그리고 '먹기'는 머릿속에 있는 개념이다. 동명사는
이런 발상으로 접근해야 한다.
예를 들어, 영어로 '내 취미는 음악 연주와 독서입니다'를 말하고 싶으면 My
hobbies are playing music and reading.이라고 해야 자연스럽다. My hobbies
are to play music and to read.라고 하지 않는다. 왜일까? '음악연주'나 '독서'는
모두 화자의 머릿속에 있는 개념이기 때문이다. 이처럼 '동사를 머릿속에 개념화
하여 명사로 바꾸는 것'이 동명사이다.

동명사 말고도 '동사ing'로 쓰는 것이 있다. 바로 진행형에서 사용하는 현재분사이다. 현재분사와 동명사의 차이는 무엇일까? 눈으로 직접 관찰할 수 있으면 **현재분사**, 머릿속에 존재하는 개념이면 **동명사**이다.

He is playing soccer(그는 축구를 하고 있다).라는 현재진행형 문장의 playing은 **현재분사**이다. 실제로 그가 축구를 하고 있는 모습을 눈으로 관찰할 수 있다. 반면, I like playing soccer(나는 축구 하는 것을 좋아한다). 문장의 playing은 **동명사**이다. '축구 하는 것'이라는 명사화된 개념이 머릿속에 그려질 것이다. 앞에 언급한 "사과는 맛있어"라는 문장에서의 '사과'와 같다. 실제 눈앞에 있어서 보이는 게 아니라 머릿속에 그린 개념인 것이다.

명사

동명사

머릿속에 이미지를 그린다

아래 예문을 보자.

○ She usually avoids being alone.

그녀는 대개 혼자 있는 것을 피합니다.

avoid(피하다)라는 동사 뒤에 목적어로 being alone(혼자 있는 것)이 나왔다. 동명사가 나왔으므로 '혼자 있는 것'은 머릿속에 있는 개념이라는 것을 알 수 있다.

이제 동명사에 관해 좀 더 깊이 들어가겠다. 동명사는 **머릿속에 그린 이미지**를 나타낼 때 쓰므로 이것은 시간을 초월한 개념이다. "동명사는 과거의 일을 표현할 경우에만 쓴다"고 주장하는 사람들도 있지만, 그렇지 않다. 동명사는 머릿속에 있는 행위의 기억, 행위의 가정, 일반화된 행위 등을 표현할 수 있다.

다음 예문들을 살펴보자. 밑줄 친 부분은 모두 **'동사가 머릿속에서 완전히 명사**

화한 개념'이라는 것을 알 수 있다.

① 기억

I remember <u>seeing</u> the Queen at St. Paul cathedral.

나는 세인트 폴 대성당에서 여왕을 만난 것을 기억하고 있습니다.

② 가정

Can you imagine <u>talking</u> to the Queen in person?

여왕과 직접 대화를 나누는 것을 상상할 수 있습니까?

Do you mind <u>waiting</u> here a while? — No. Not at all.

여기서 잠시 기다려 줄 수 있어요? — 그러죠.

③ 일반화된 행위

I love <u>listening</u> to jazz music.

나는 재즈 음악 듣는 것을 매우 좋아합니다.

We all enjoy <u>playing</u> music with our friends.

우리 모두는 친구들과 음악을 연주하는 것을 좋아합니다.

모든 예문의 밑줄 친 부분이 '머릿속에 그린 개념'이라는 느낌을 받는가? 이러한 느낌을 받았다면 동명사를 이해하고 제대로 사용할 수 있는 중요한 첫발을 내디뎠다고 하겠다.

이제 165쪽의 **QUIZ B** 를 다시 살펴보자. 이미 ②'가정'의 예문 중 하나가 **QUIZ B** 의 정답이라는 것을 눈치챘을 것이다.

제시된 한국어 문장을 영어로 알맞게 번역한 것은 무엇인가?

"여왕과 직접 대화를 나누는 것을 상상할 수 있습니까?"

① Can you imagine <u>talking</u> to the Queen in person?

② Can you imagine <u>to talk</u> to the Queen in person?

'여왕과 직접 대화를 나누는 것'이라는 상황을 머릿속에 가정해서 그리고 있기 때문에 **QUIZ B** 의 정답은 〈①Can you imagine talking to the Queen in person?〉이다.

그러나 예전에는 동명사의 CORE를 이해하기보다는 "동명사를 목적어로 갖는 대표적인 동사는 MEGAFEPS"라는 식으로 암기 팁에 따라 무작정 외웠을 것이다. MEGAFEPS는 Mind, Enjoy, Give up, Avoid, Finish, Escape, Put off(Postpone), Stop의 첫 글자를 따서 만든 말로, 이들은 동명사를 목적어로 갖는 대표적인 동사들이다.

단순히 시험 점수를 따기 위해서라면 이렇게 암기하는 게 효과적일 수도 있다. 하지만 이래서는 위에 언급된 동사들 뒤에 목적어로 왜 동명사가 오는지 본질적인 이유를 알 수 없다. 그리고 그 외의 동사에 대해서는 어떻게 대응할 것인가? 퀴즈를 풀고 알게 되었겠지만, 동사 imagine은 뒤에 동명사가 나오고, to부정사와는 같이 쓸 수 없다. 영어의 수많은 동사 뒤에 목적어로 동명사가 나오는지 to부정사가 나오는지를 어떻게 다 외울 것인가?

PART 5

덧붙여서, remember도 생각해 보자. remember는 뒤에 to부정사 또는 동명사를 다 가질 수 있는 동사인데, 이런 유형의 동사 몇 개를 배우면서 '**to부정사는 미래의 일을 나타낸다**', '**동명사는 과거의 일을 나타낸다**'라고 외웠을 것이다.

○ I remember seeing her at the Covent Garden.
   나는 그녀를 코벤트 가든에서 만난 것을 기억합니다.

○ Please remember to see her at the Covent Garden tonight!
   오늘 밤 코벤트 가든에서 그녀를 만나기로 한 것을 잊지 마세요!

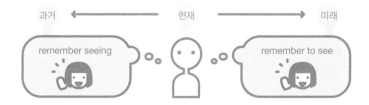

그러나 이렇게 단언하는 것은 위험하다. [SECTION 2]에서 설명하겠지만, 'to부정사는 미래의 일을 나타낸다'라는 말은 틀렸다고 할 수 없다. 그러나 **'동명사는 과거 일을 나타낸다'라고 일반화할 수 없다.** 예를 들어, [QUIZ] [B]의 문장 Can you imagine talking to the Queen in person?의 동명사는 '미래의 일에 대한 가정'으로 분류할 수 있다. 다음 예문도 살펴보자.

○ **Would you consider working with me?**

　　나와 함께 일하는 것을 고려해 보겠습니까?

예문의 consider는 '고려하다'라는 뜻의 동사인데, 뒤이어 동명사가 나온다. 그렇다면 working이 과거의 일을 나타내는가? 그렇지 않다. 문맥으로 판단하면 '미래의 일'을 나타낸다. 이러한 몇 가지 예에서 알 수 있듯이, 'to부정사는 미래의 일을 나타낸다', '동명사는 과거의 일을 나타낸다'라는 지나친 일반화는 오류를 일으킬 수 있다. 그냥 동명사는 **'동사가 머릿속에서 완벽하게 명사화된 개념'**이라고 이해하자.

다음에 다룰 'to부정사'에 관한 내용을 보면 동명사를 더 잘 이해하게 될 것이다.

- **to부정사는 '행위를 향하다/행위를 마주하다'**

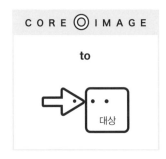

이제 to부정사를 살펴보자. to부정사를 이해하는 열쇠는 바로 전치사 to에 있다. [PART 2]에서도 언급했지만, to의 **CORE ◎**는 **'대상으로 향하다/대상과 마주하다'**이다. 기본적으로 '향하다' 또는 '마주하다'는 '상대방/목표/결과'로 향하거나 그것과 마주하는 것이다.

흔히 to를 **방향**을 가리키는 것으로 생각하지만, to의 **CORE ◎ IMAGE**를 잘 살펴보면 **대상으로 '향하고 있을'** 뿐만 아니라 **대상과 '마주하는'** 느낌을 받을 것이다. 즉, to는 '향하다' 또는 '마주하다'의 뜻을 강하게 포함한다.

예를 들어, walked to the station은 '역까지 걸어갔다'라는 의미인데, 이때의 to

는 '**대상으로 향하다**'라는 뉘앙스가 강하게 풍긴다. 그러나 '얼굴을 마주하고'의 face to face, '그 문에 맞는 열쇠'의 the key to the door, '영국 1파운드는 한화 1,500원'의 1,500 won to the UK pound의 to는 '**대상과 마주하다**'의 느낌이 강하다.

face to face   the key to the door   1,500 won to the UK pound

to부정사는 to 뒤에 동사가 따라오므로 그 '대상'은 **동사가 나타내는 행위**이다. 따라서 **to부정사의 C O R E ◎ 는 '행위로 향하다/ 행위와 마주하다'**가 된다. 다음 예문을 살펴보자.

C O R E ◎ I M A G E

to부정사

○ He decided to go to Paris.
   그는 파리에 가기로 결정했다.

동사로 decide(결정하다)가 쓰인 문장이다. 일반적으로 '결정하다'라는 행위는 **그 이후에 일어날 일**을 정하는 것이므로, decide는 to부정사와 궁합이 맞는다. to부정사의 C O R E ◎ 인 '**행위로 향하다/ 행위와 마주하다**'로부터 '앞으로 행할 일로 향하다'라는 미래성을 엿볼 수 있다(따라서 decide는 목적어로 동명사를 취하지 않는다). 다른 예문도 살펴보자.

○ Please don't hesitate to contact me.
   제게 연락하는 일을 망설이지 마세요.
   = 제게 편하게 연락하세요.

동사 hesitate(망설이다)는 **앞으로 할 일**을 망설이는 것이므로 이 역시 '미래성'의 의미를 내포하는 to부정사와 궁합이 좋다고 하겠다. 그럼 다음 예문은 어떠한가?

○ We are planning to stay overnight here.

우리는 여기에서 밤을 새울 계획입니다.

이 문장에서는 plan(계획하다)을 동사로 사용했는데, **앞으로 할 일**을 계획하는 것이므로 목적어로 to부정사가 나오는 것이다. 참고로, We are planning to do... 또는 I am planning to do...는 회화에서 흔히 쓰이는 표현이므로 기억해 두자. to부정사의 CORE ◎ 인 **'행위로 향하다/행위와 마주하다'**라는 이미지를 다시 한번 되새기며 아래 제시된 예문을 읽어 보자.

○ He promised to stay till we arrived.

그는 우리가 도착할 때까지 그곳에 있기로 약속했다.

○ Yumi intends to study abroad again next year.

유미는 내년에 또 외국에서 공부할 생각이다.

○ They refused to help us.

그들은 우리를 돕기를 거절했다.

○ Matt tends to get angry when people oppose him.

맷은 사람들이 자기에게 반대하면 쉽게 화를 낸다.

---

to부정사와 궁합이 좋은 동사

agree(동의하다)	choose(고르다)
desire(갈망하다)	determine(결정하다)
expect(기대하다)	hope(희망하다)
pretend(~인 체하다)	want(~하기를 바라다)

SECTION 1 에서는 동명사와 to부정사의 CORE와 동사 뒤 목적어 자리에 to부정사를 쓸지, 동명사를 쓸지에 관해 배웠다. 지금까지는 뒤에 목적어로 동명사를 갖는 동사 그룹, to부정사를 갖는 동사 그룹을 달달 외웠다면, 앞으로는 **동사와의 궁합을 생각해서 뒤에 to부정사를 쓸지 동명사를 쓸지를 결정하길 바란다.** to부정사나 동명사 모두 **문장 안에서 명사로 쓰이지만**(주어, 목적어, 보어의 역할), 의미로 보면 성질이 전혀 다르다.

to부정사의 **CORE** ◎ 는 **'행위로 향하다/행위와 마주하다'**이고, 동명사의 **CORE** ◎ 는 **'동사가 머릿속에서 완전히 명사화한 개념'**이다. 동사의 의미와 어울리는 것이 어느 쪽인지를 생각하여 사용하자.

be to부정사

be to부정사는 '예정, 의도, 가능, 운명, 의무'의 의미(용법)를 나타낸다. 지금까지는 단순히 이 의미를 암기했겠지만, 이제는 be to부정사의 CORE를 익히자.

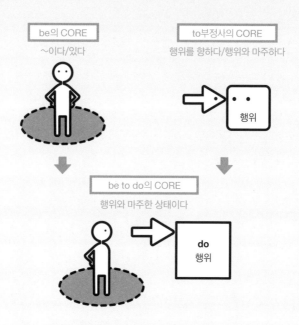

CORE를 알면 맥락으로 의미가 파악되기 때문에 단순암기가 필요 없다.

He is to go back to his country.

그는 지금 '귀국하는' 행위와 마주하고 있다.

돌아갈 예정이다   돌아갈 작정이다   돌아갈 수 있다   돌아가지 않으면 안 된다 등

SECTION 2

to부정사

향하다, 마주하다

● **형태가 같으면 공유하는 본질적인 의미가 있다**

SECTION 1 에서 다룬 to부정사는 동사 뒤에 목적어로 쓰이는 '명사적 용법'의 to부정사였다. 하지만 이외에도 to부정사의 용법은 다양하다. 먼저, to부정사와 관련하여 예전에 학습한 내용을 살펴보자.

TRADITIONAL WAY

to부정사의 세 가지 용법

1. 명사적 용법 — 주어, 목적어, 보어로 사용한다
2. 형용사적 용법 — 명사를 수식한다
3. 부사적 용법 — 명사 외의 요소를 수식한다
   ➡ 목적, 감정의 원인, 판단의 근거, 형용사 수식, 조건, 정도, 결과 등을 나타낸다.

TRADITIONAL WAY 의 내용은 복잡해 보인다. 그러나 'CORE 학습의 2대 원칙' 중 하나인 **'형태가 같으면 공유하는 본질적인 의미(CORE)가 있다'**를 떠올려 보자. to부정사의 용법이 매우 복잡하고, 여러 가지 의미가 있는 것처럼 보이지만, to부정사의 CORE에 집중하면 매우 단순하다는 사실을 알게 될 것이다.

① 명사적 용법

I've decided to eat this paella.

나는 이 파에야를 먹기로 결정했다.

② 형용사적 용법

This is a special spoon to eat this paella with.

이것은 이 파에야를 먹기 위한 특별한 숟가락이다.

③ 부사적 용법

We came to this restaurant to eat this paella.

우리는 이 파에야를 먹기 위해 이 식당에 왔다.

행위

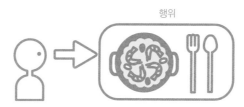

서로 달라 보이는 세 가지 용법으로 쓰였지만, 모두 '파에야를 먹는 행위'로 향한다

기존에 배웠던 것처럼 명사적 용법, 형용사적 용법, 부사적 용법으로 나누지 않아도 to부정사의 **C O R E ◎** 인 **'행위로 향하다/행위와 마주하다'**를 바탕으로 생각하면 어렵지 않게 의미를 구분할 수 있을 것이다.

이제부터 to부정사의 부사적 용법에 관해 자세히 알아보자.

③ 부사적 용법

목적 Suji went to Darak University to be a lawyer.

수지는 변호사가 되기 위해 다락대학교에 갔다.

| 감정의 원인 | He is quite happy <u>to be</u> a lawyer. |

그는 변호사가 되어서 매우 기뻐하고 있다.

| 판단의 근거 | He must be so smart <u>to be</u> a lawyer. |

변호사가 되다니, 그는 매우 똑똑한 것이 틀림없다.

| 결과 | Daniel grew up <u>to be</u> a lawyer. |

대니얼은 자라서 변호사가 되었다.

| 정도 | She was too young <u>to be</u> a lawyer. |

그녀는 변호사가 되기에는 너무 어렸다.

이 예문들을 보면 to부정사가 서로 다른 의미를 나타내는 것처럼 보인다. 그래서 to부정사의 부사적 용법을 어려워하는 사람이 많다. 하지만 이것 역시 CORE를 알면 쉽게 이해할 수 있다.

to부정사

SECTION 1 에서 언급했지만, to부정사의 **C O R E ◎ 는 '행위로 향하다/행위와 마주하다'**이다. to가 '향하다'의 뉘앙스로 쓰이는 경우와 '마주하다'의 뉘앙스로 쓰이는 경우가 있다는 사실은 이미 설명했다.

Suji went to Darak University <u>to be a lawyer</u>.에서는 '변호사가 되는 행위로 향하다'라는 뉘앙스가 '수지는 변호사가 되기 위해 다락대학교에 갔다'라고 '목적'의 의미를 발생시킨다는 것을 알 수 있다.

PART
5

to부정사 그 자체의 의미는 매우 단순하면서도 모호하다. **'행위로 향하다/행위와 마주하다'**라는 **C O R E ◎** 가 상황이나 맥락에 따라 **목적**이나 **감정의 원인**, **판단의 근거**가 된다.

He is quite happy to be a lawyer.에서는 '변호사인 상태를 마주하다'라는 뉘앙스인데, 그 상태 때문에 '기쁜' 것이다.

He must be so smart to be a lawyer.에서는 '변호사인 것과 마주하다(또는 향하다)'라는 뉘앙스로부터 '그는 머리가 좋은 것임이 틀림없다'라고 화자는 '판단'하고 있다.

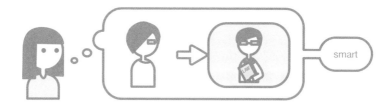

Daniel grew up to be a lawyer.에서는 '변호사가 된 행위와 마주한 것'이라는 뉘앙스 때문에 '대니얼은 자라서 (그 결과) 변호사가 되었다'라는 의미의 문장이 된다.

She was too young to be a lawyer.는 '그녀는 변호사가 될 수 없을 정도로 어렸다'라는 의미이므로, to부정사는 '정도'를 나타낸다. '변호사가 되는 행위를 마주하기'에는 아직 too young한 것이다.

이처럼 to부정사의 **C O R E ◎** 를 이해하면 용법을 세세히 몰라도 문장을 올바르게 해석하고 저절하게 구사할 수 있게 된다.

✦ N E W   A P P R O A C H ✦

to부정사의 **C O R E ◎** 는 **'행위로 향하다/행위와 마주하다'**이다. 용법을 암기하는 것이 아니라 to부정사의 본질을 이해하자.

PART
5

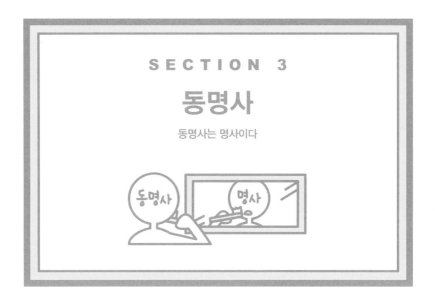

SECTION 3

동명사

동명사는 명사이다

● **동명사는 명사 역할을 한다**

SECTION 3 에서는 동명사에 관해 자세히 다룬다. 먼저, 동명사에 관해 기존에 배운 내용을 알아보자.

─────────── TRADITIONAL WAY ───────────

동명사는 '동사+ing' 형태로, 명사 역할을 하며 '~하는 것'이라는 의미이다.

동명사의 **C O R E ◎** 는 **'동사가 머릿속에서 완전히 명사화한 개념'**이다. 문장에서 주어, 목적어, 보어 역할을 하는 동명사는 **명사와 마찬가지로 사용된다.** 문장 안에서 동명사가 명사와 동일한 역할을 한다는 것은 두 가지 측면에서 확인할 수 있다.

하나는 **동명사도 명사처럼 소유격을 붙일 수 있다**는 점이다. '나의 개'를 my dog라고 하는 것처럼, '내가 담배를 피우는 것'은 my smoking이라고 표현할 수 있다.

my dog   my smoking

○   Would you mind my smoking here?
제가 여기서 담배를 피워도 될까요?

예문의 my smoking here는 '내가 여기에서 담배를 피우는 일'이라고 머릿속에서 그린 '가정'이다. 마찬가지로, '톰이 여기서 담배 피우는 일'은 Tom's smoking here이라고 한다. 이처럼 소유격을 붙일 수 있다는 점에서 동명사는 명사와 같은 역할을 한다는 것을 알 수 있다.

참고로, 위의 예문과 관련해서 설명할 한 가지 중요한 포인트가 있다. 주어진 예문의 동사 mind의 뜻은 '언짢아하다', '상관하다'이다. 직역하면 '제가 여기서 담배를 피우면 당신이 언짢으실까요?'이므로, 이 질문에 허락의 의미를 표현하려면 '아니요, 언짢지 않습니다'라는 뜻이 되도록 No. 또는 Not at all.으로 대답해야 한다. 동사 mind가 나오는 질문에 순간적으로 Yes/No를 판단하여 적절하게 대답하는 것은 원어민이 아닌 이상 쉽지 않다. 이것만큼은 반복 연습을 통해 익숙해지는 길밖에 없다. 참고로, Would you mind my 동사ing?는 '~해도 되나요?'라고 **허가**를 구할 때 유용하게 쓰는 표현이니 꼭 기억해 두자.

PART
5

○   I love his singing of this song.
나는 그가 이 노래를 부르는 게 매우 좋다.

○ She is proud of her son's being a famous movie star.

그녀는 아들이 유명한 영화배우인 것이 매우 자랑스럽다.

그리고 **동명사를 전치사 뒤에 둘 수 있다**는 점을 통해서도 동명사가 명사와 동일한 역할을 한다는 것을 알 수 있다. 전치사는 명사 앞에 놓이기 때문에 "전치사"라고 불리는데, 동명사도 명사 자리에 놓을 수가 있다.

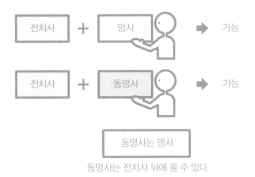

동명사는 전치사 뒤에 올 수 있다

아래 예문을 살펴보자.

○ You don't have to try to be perfect in speaking a foreign language.

외국어로 이야기하는 데에 있어서 꼭 완벽해지려 하지 않아도 된다.

이 문장을 보면 전치사 in 뒤에 동명사 speaking(이야기하는 일)이 왔다. speaking이 전치사 in의 목적어인 것이다. 'in speaking a foreign language'는 '외국어로 이야기하는 데에 있어서' 정도의 뜻이다. 다른 예문도 보자.

○ He is very good at playing the flute.

그는 플루트를 매우 잘 분다.

○ George left the room without saying good-bye.

조지는 잘 있으라는 인사도 없이 방을 나섰다.

➡ without이 선치사

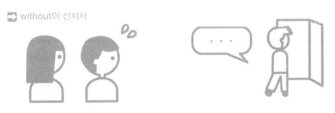

이처럼 동명사는 명사와 같은 역할을 하므로 전치사 뒤에 올 수 있다. 여기서 한 가지, 명사적 용법의 to부정사는 문장 안에서 명사와 같은 역할을 해도 전치사 뒤에는 올 수 없다는 사실을 꼭 알아 두자. 다시 말하지만, 전치사 뒤에는 to부정사가 아닌 동명사가 나온다.

이제 165쪽의 QUIZ C 를 다시 풀어 보자.

"당신을 만나기를 고대합니다"를 영어로는 I am looking forward to seeing you.라고 한다. to 뒤에 동사원형인 see가 아니라, 동명사형인 seeing이 나오는 이유는 무엇일까?

QUIZ C 의 정답은 〈to seeing의 to가 to부정사의 일부가 아니라, 전치사 to이기 때문〉이다. look forward to(고대하다)라는 표현은 다음처럼도 쓰인다.

○ I am looking forward to Jack's next book.
　　나는 잭의 다음 책을 고대하고 있다.

이 문장에서는 to 뒤에 명사(Jack's next book)가 놓였다. 이 역시 to가 to부정사의 일부가 아니라 전치사라는 것을 나타낸다. 반복해서 언급하고 있지만, 전치사 뒤에는 동명사를 쓸 수 있다.

○ You will soon get used to the new environment.
　　너는 새로운 환경에 곧 적응할 것이다.

○ You will soon get used to living in a big city.
　　너는 대도시에 사는 것에 곧 익숙해질 것이다.

위의 예문에서도 get used to(~에 익숙해지다)의 to가 전치사이기 때문에 뒤에 명사 또는 명사와 동일한 범주로 취급되는 동명사가 나오는 것이다. 이 외에도 전치사 to 뒤에 동명사/명사가 나오는 관용 표현에는 다음과 같은 것이 있다.

전치사 to 뒤에 동명사/명사를 놓는 표현

be used to A(~ing)	A에 익숙하다
devote *oneself* to A(~ing)	A에 열중하다
with a view to A(~ing)	A를 할 셈으로
when it comes to A(~ing)	A에 관한 한

✦ NEW APPROACH ✦

동명사의 CORE ◎ 는 **'동사가 머릿속에서 완전히 명사화한 개념'**으로, 동명사는 명사와 동일한 역할을 한다. 이는 동명사에 소유격을 붙일 수 있다는 것, 동명사가 전치사의 목적어가 될 수 있다는 것을 통해 확인할 수 있다.

PART 5 에서는 준동사인 동명사와 to부정사에 관해 집중적으로 알아보았다. 동명사의 **CORE ◎** 는 **'동사가 머릿속에서 완전히 명사화한 개념'**이고, to부정사의 **CORE ◎** 는 **'행위로 향하다/행위와 마주하다'**이다. 둘의 차이는 SECTION 1 에서 다뤘다. 둘은 비슷해 보이지만 나타내는 의미가 다르다. 이것은 'CORE 학습의 2대 원칙' 중 **형태가 다르면 의미도 다르다**를 통해서 이해했을 것이다.

예를 들어 설명하겠다. Seeing is believing.이라는 문장은 '보면 믿게 된다'로 해석하는데, 여기에서의 seeing은 머릿속의 '보는 것'이라는 **개념**이다. 그렇다면 To see is to believe.는 어떤가? 이것은 '보는 것이 믿는 것이다'라는 의미인데, 그 안에는 '보라. 그러면 믿게 될 것이다'라는 뉘앙스가 깔려 있다. 이는 to부정사의 **CORE ◎** 인 **'행위로 향하다/행위와 마주하다'** 때문이다.

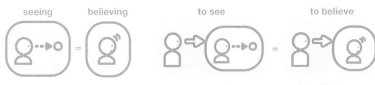

보는 것 = 믿는 것   보는 행위로 향하다 = 믿는 행위로 향하다

다른 예를 생각해 보자. 트럼펫을 몇 년 동안 연주한 사람이 트럼펫 부는 것을 **머릿속에 이미지로 개념화**한 뒤 '나는 트럼펫 부는 것을 매우 좋아한다'를 영어로 말한다면 I love playing the trumpet.이라고 하면 된다. 한편, I love to play the trumpet.이라고 하면 '나는 트럼펫 부는 것을 매우 좋아한다'라는 의미이지만, 그 안에는 '오늘은 무슨 일이 있어도 트럼펫을 불고 싶어'라든지 '지금부터 트럼펫을 불 거야!'와 같은 뉘앙스가 담긴다. 그 근거로 would를 넣어 보자. I would love to play the trumpet.은 '나는 꼭 트럼펫을 불고 싶다'라는 의미의 문장이 된다.

I love playing the trumpet.

I love to play the trumpet.

이것으로 to부정사와 동명사로 대표되는 준동사의 설명을 마치고자 한다. 이번 파트에서도 문법 규칙을 암기하는 것이 아니라 CORE를 제대로 이해하는 것이 중요하다는 사실을 깨달았을 것이다. CORE를 익혀 문법을 이해하고 이해를 바탕으로 표현하자.

COLUMN

분사를 익히자

He is looking for his smartphone.
그는 스마트폰을 찾고 있다.

분사는 be동사로부터 '분리된 품사'이다.
➡ 현재진행형의 be동사와 분리되어도 '~하고 있다'라는 의미가 남는다

Do you know the man looking for his smartphone there?
저쪽에서 스마트폰을 찾고 있는 남자를 아세요?

looking for his smartphone there은 앞에 나오는 명사 man을 설명한다. 이것이
분사의 역할이다. 머릿속의 개념을 나타내는 '~ing(동명사)'와는 역할이 다르다.

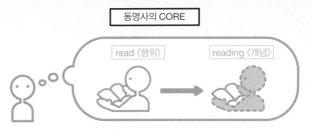

동명사는 '동사가 머릿속에서 완전히 명사화된 개념'

PART 6

문장 형식에도
CORE가 있다

PART 6의 주제는 문장의 형식이다. 문장의 형식에도 CORE가 있다.
PART 6에서는 영어의 다섯 가지 문장 형식 중에서도 특히 학습자들이
어려워하는 4형식, 5형식(그중에서도 사역동사)에 초점을 맞추어 설명하겠다.

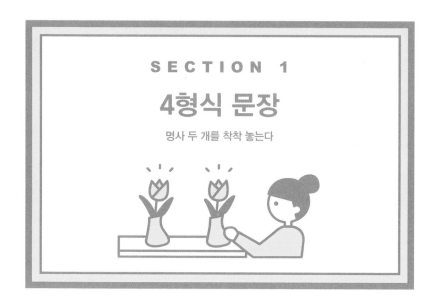

S E C T I O N 1

4형식 문장

명사 두 개를 착착 놓는다

● 문장의 형식(형태)에도 의미가 있다

요즘은 조금씩 달라지고 있지만, 기존의 영문법 학습 방식은 주로 객관식 시험에서 고득점을 받기 위한 기계적인 암기 위주였다. 그래서 말하거나 글을 쓰는 등 표현하기 위한 문법 실력을 키우는 데에는 부족한 점이 많았다. 그렇게 기계적으로 학습한 대표적인 문법 항목이 문장의 형식일 것이다.

지금껏 학교에서 배운 영어 문장의 5형식은 주어, 술어, 목적어, 보어의 네 가지 요소를 바탕으로 문장의 형식(형태)을 분류한 것이다.

PART 6 에서는 문장의 다섯 가지 형식 중에서도 많은 사람이 어려워하는 4형식 그리고 5형식에서도 '사역동사+A+동사원형'을 집중적으로 설명하겠다.

먼저 4형식에 관해 알아보기에 앞서, 지금까지 학습했던 4형식 관련 내용을 떠올려 보자.

4형식 : S(주어) + V(술어) + O₁(간접목적어) + O₂(직접목적어)

예 She   gave   me   chocolate.
$$\underset{\substack{\text{주어}}}{S} + \underset{\substack{\text{술어}}}{V} + \underset{\substack{\text{간접목적어}}}{O_1} + \underset{\substack{\text{직접목적어}}}{O_2}$$

➡ 앞에 나오는 목적어(O₁)는 '간접목적어', 뒤에 나오는 목적어(O₂)는 '직접목적어'라고 한다.

➡ O₁(간접목적어) ≠ O₂(직접목적어)

➡ S V O₁ O₂ = S V O₂ to/for O₁으로 바꿔 쓸 수 있다.

T R A D I T I O N A L   W A Y 를 읽다 보면 단순한 내용을 복잡하게 썼다는 생각이 들지 않는가? 또한 이 정보를 알고 있다고 한들 4형식 문장을 자연스럽게 표현하기는 어려워 보인다. 앞으로는 CORE를 이해하는 방식으로 공부해야 한다. 그럼 본격적인 설명을 읽기에 앞서 퀴즈를 풀어 보자.

아래 두 문장의 뜻은 '재닛은 홍식에게 언어학을 가르쳤다'이다. 이 두 문장에는 어떤 의미 차이가 있을까?   🔎 정답 p.197

① Jeannette taught Hong Shik linguistics.
② Jeannette taught linguistics to Hong Shik.

● **4형식 문장 – 동사 뒤에 '명사 두 개'를 착착 놓는다**

흔히들 '4형식 문장은 동사 뒤에 목적어 역할을 하는 명사를 두 개 가지고 있는 문장 형태로, 첫 번째 목적어를 간접목적어, 이어지는 목적어를 직접목적어라고 한다'라고 외웠을 것이다. 그러나 간접목적어니 직접목적어니 어려운 문법 용어를 써 가며 외울 필요는 없다. 4형식 문장은 **동사 뒤에 두 개의 명사를 차례차례 놓**

는 문장 형태라고 기억하자. 동사 뒤에 오는 첫 번째 명사(목적어)를 A, 두 번째 명사(목적어)를 B라고 하고, '동사+명사A+명사B'라고 동사 뒤에 명사 두 개를 순서대로 착착 내려놓는 것을 상상하자.

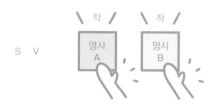

이러한 4형식 문장 형태(구조)에는 CORE가 있다. **4형식 문장의 CORE ◎ 는 'A가 B를 가지는 상태를 주어(S)가 만들어내다'**이다.

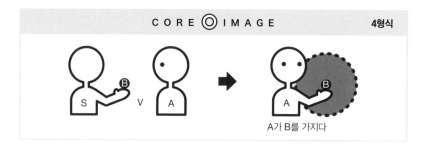

이 CORE를 알아야 4형식 문장을 제대로 표현할 수 있다. 4형식 문장은 **'A에게 B를 넘겨주다'**라는 뉘앙스를 나타낸다.

○ John bought me a magazine.
존은 나에게 잡지를 사 주었다.

이 문장은 동사 뒤에 명사 두 개가 착착 놓였으므로 4형식 문장이다. 주어 John이 buy라는 동작을 거쳐 'me(나)'가 a magazine(잡지)을 **가진** 상태를 만들어냈음을 알 수 있다. 이 문장에서 '**넘겨주는**' 뉘앙스가 느껴지는가? 다른 예문도 살펴보자.

○ Katie taught Bill mathematics .
　 케이티는 빌에게 수학을 가르쳐 주었다.

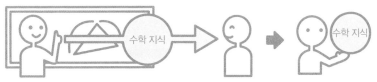

수학 지식을 넘겨주는 이미지

'빌에게 수학을 **가르쳐 준**' 것이므로 이 문상에서도 '넘겨주는' 뉘앙스가 잘 드러난다. 물건을 넘겨주는 경우뿐만 아니라 **심리적인, 인지적인 무언가를 '넘겨줄' 때**도 같은 문장 형태를 쓴다.

대화할 때 흔히 쓰는 Show me(보여 줘)!나 Tell me(알려 줘)!도 두 번째 명사가 생략되었지만, 4형식 형태의 문장으로 간주할 수 있다. 두 문장 모두 '넘겨주는' 뉘앙스를 담고 있다. 그렇다면 어떤 상황에서 Show me!처럼 두 번째 명사를 생략해서 말할까? 예를 들어, '내게 사진을 보여 줘'는 영어로 Show me the picture . 인데, 상황상 '사진을'이라는 부분을 굳이 말할 필요가 없을 때는 그냥 Show me! 라고 한다.

Hey! Show me!

정황상 Show me the picture.인 것이 명백하므로 the picture는 생략한다

지금까지의 설명으로 **문장의 형식(형태) 자체가 의미를 가진다**는 사실을 깨달았을 것이다. 4형식 문장에는 CORE가 있다. 이 CORE를 정확하게 익히면 유창하게 4형식 문장으로 표현할 수 있게 될 것이다.

4형식 문장과 관련하여 에피소드를 하나 소개하겠다. 앞서 말했지만, 4형식 문장의 형태는 동사 뒤에 명사 두 개를 착착 놓는 것이다.

그런데 필자는 이 문장 형태가 정말로 **'A가 B를 가지는 상태를 주어(S)가 만들어 내다'**라는 의미를 갖는지 궁금해서 영어 원어민 친구들에게 확인한 적이 있다. 그들에게 아래 문장을 보여 주고는 해석해 달라고 부탁했다.

Mary sneezed him a ball.

➡ sneeze 재채기하다

이게 대체 무슨 말일까? 이 문장을 본 원어민 친구들은 모두 "That doesn't make any sense(말도 안 되는 문장이야)!"라면서 웃었다.

동사 sneeze는 목적어가 필요 없는 자동사이다. 그런 sneeze 뒤에 목적어(명사)를 붙인 것부터 문법적으로 틀린 문장이지만, 그래도 이 문장을 원어민의 감각으로 해석해 달라고 요청하자 한 친구가 이렇게 답했다.

---

1 OK. If you told me that I'd assume that Mary had sneezed, a ball had come out of her nose, and **she had given it to "him".**

알았어. 네가 나에게 그 말을 했다면 나는 아마 이렇게 생각했을 거야. '메리가 재채기를 했는데 코에서 공이 나왔고, **그것을 그녀가 '그(him)'에게 주었다'**라고 말이야.

또 다른 친구는 이렇게 말했다.

> ② The only real way that could make some sense would be if "him" referred to someone else… And Mary sneezed and a ball came out of her nose and **she gave it to him…** But basically it makes no sense!

이 문장이 유일하게 의미할 수 있는 것은, '그(him)가 다른 사람을 지칭한다면, 메리가 재채기를 하자 코에서 공이 나왔고 **그녀는 그것을 그에게 주었다**는 거지. 그러나 기본적으로 말이 안 되는 문장이야!

두 사람이 공통적으로 필자가 보여 준 문장을 '메리가 그에게 공을 **주었다**'라고 해석한 점에 주목하자.

말도 안 되는 문장이지만, 필자가 제시한 문장은 동사(sneeze) 뒤에 두 개의 명사가 놓인 4형식 문장이다. 원어민은 이러한 문장 형태를 보면 즉각 **'A가 B를 가지는 상태를 주어(S)가 만들어내다'**라는 이미지를 떠올린다는 것을 이 에피소드를 통해 느낄 수 있을 것이다.

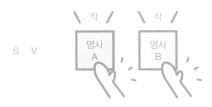

한국에서 영어를 가르치는 한 영어 선생님은 필자가 제시한 문장 Mary sneezed him a ball.에 관해 다음과 같이 설명해 주었다.

> ③ A ball was in Mary's hand. Because Mary sneezed, the ball left her hand and moved to "him".

메리의 손에 공이 있었다. 메리가 재채기해서 공은 그녀의 손을 떠나(손에서 떨어져서) '그'가 있는 쪽으로 이동했다.

참고로 덧붙이자면, 영어 선생님의 설명이 필자가 예상했던 것이다. 어쨌든, 필자가 제시한 문장에 대한 원어민 세 사람의 설명에서 공통된 것은 그들이 모두 '넘겨주다'라는 뉘앙스로 문장을 받아들였다는 점이다.

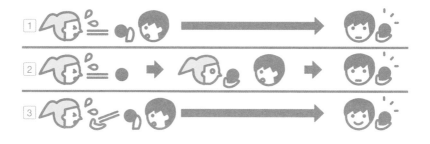

이제 191쪽의 퀴즈를 다시 살펴보자.

> 아래 두 문장의 뜻은 '재닛은 홍식에게 언어학을 가르쳤다'이다. 이 두 문장에는 어떤 의미 차이가 있을까?
>
> ① Jeannette taught Hong Shik linguistics.
> ② Jeannette taught linguistics to Hong Shik.

두 문장이 나타내는 의미는 거의 같지만, 문장 형태가 다르다는 점에 주목하자. ①은 동사 taught 뒤에 명사가 두 개 나오므로 4형식 문장이고, ②는 동사 뒤에 명사와 전치사구가 나온다. 문장의 형태가 다른 것이 어떤 의미 차이를 만들까? 이에 대한 답은 '존은 나에게 잡지를 사 주었다'라는 뜻의 John bought me a magazine.과 He bought a magazine for me.라는 문장 비교를 통해 알아보겠다. 4형식 문장의 **C O R E ◎** 는 **'A가 B를 가지는 상태를 주어(S)가 만들어내다'**이다. 따라서 4형식 문장인 John bought me a magazine.에는 '내가 잡지를 (내 것으로) 가지고 있다'라는 의미가 깔려 있다. 반면에, He bought a magazine for me.라고 하면 '그가 나를 위해 잡지를 샀다'라는 사실은 알 수 있어도 '내가 그 잡지를 가지고 있는지'까지는 알 수 없다.

위의 설명을 바탕으로 퀴즈의 ①과 ②를 살펴보면, ①은 '홍식이 언어학을 가지게 되었다', 즉 '홍식이 언어학 지식을 습득했다'라는 의미를 내포한다. 그러나 ②의 경우, 핵심은 Jeannette taught linguistics(재닛은 언어학을 가르쳤다)이다. to Hong Shik은 그 가르침이 향하는 대상이 '홍식이라는 사람'이라는 의미를 추가하는 전치사구로, ②에서는 홍식이 가르침을 받은 언어학 지식을 습득했는지까지는 알 수가 없다. 따라서 (QUIZ)의 정답은 〈①에서는 '홍식이가 언어학 지식을 (배워서) 습득했다'라는 사실을 알 수 있지만, ②에서는 지식을 습득했는지는 알 수 없다〉이다.

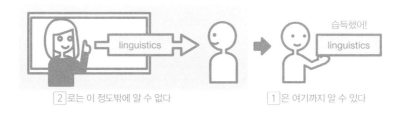

②로는 이 정도밖에 알 수 없다　　　①은 여기까지 알 수 있다

이제 4형식 문장이 이해되는가? 지금까지는 문장의 형식(형태)이 의미와는 상관이 없다고 생각했을 것이다. 하지만 문장 형태 자체에도 '의미가 있다'. **동사 뒤에 명사 두 개**가 나오는 4형식 문장이 갖는 의미는 **'A가 B를 가지는 상태를 주어(S)가 만들어내다'**이다.

4형식 문장의 **CORE ◎** 는 **'A가 B를 가지는 상태를 주어(S)가 만들어내다'**이다.

4형식 문장의 **CORE ◎** 를 제대로 이해하면 간접목적어, 직접목적어와 같은 어려운 문법 용어나 'O₁(간접목적어)≠O₂(직접목적어)'와 같은 공식 등을 굳이 외우지 않아도 알맞게 문장을 표현할 수 있게 된다.

문장의 형식 관련 Q&A ❶

목적어란 무엇일까? 아래 예를 보면 그 성격이 모호하다는 것을 알 수 있다.

cook potatoes

동작이 영향을 미치는 대상

cook curry

동작의 결과, 만들어진 완성품

potatoes나 curry나 모두 '목적어'이다

PART
6

그러므로 '목적어'라는 문법 용어에 매달리지 말고, '이 동사의 CORE는 ×××이므로 뒤에 이러저러한 단어(명사)를 놓을 수 있구나' 정도로 받아들이면 충분하다.

SECTION 2

5형식 문장 – 사역동사

뒤에 따라붙는 짧은 절

● **네 종류의 '~하게 하다' 동사**

[SECTION 2] 에서는 5형식 문장에 관한 내용 중에서도 '사역동사'에 관해 공부할 것이다. 누군가에게 어떤 일을 하게 하는 것을 '사역(使役)'이라고 하며, '(누군가에게) ~을 하게 하다/~시키다'라는 뜻을 지닌 동사를 사역동사라고 부른다. 사역동사의 CORE를 배우기에 앞서, 지금까지 사역동사에 관해 어떻게 배웠는지부터 확인해 보자.

T R A D I T I O N A L   W A Y

1️⃣ 사역동사가 쓰인 문장은 5형식 문장으로 분류한다.

2️⃣ make, have, let을 '사역동사'라고 한다. '사역동사+A+do(동사원형)' 형태로, 그 뜻은 'A가 ~을 하게 하다/~시키다'이다.

3️⃣ get도 'A에게 ~을 하게 하다'라는 의미를 나타내는 문장을 만들 수 있다. 그러나 이 경우에는 'get+A+to do(to부정사)' 형태이다.

VISUAL ENGLISH GRAMMAR FOR EXPRESSION

이제 퀴즈를 풀어 보자.

QUIZ

> A와 B가 다투고 서로에게 몹시 화가 난 상황이다. A가 자리를 뜨려고 문 앞에 서 있는 B에게 "Get out of my way(저리 비켜)!"라고 소리쳤다. 그 말에 B가 "Make me!"이라고 맞받아쳤는데, 이 말은 무슨 뜻일까?   🔎정답 p.204

지금은 답을 모르겠다고 해도 걱정할 필요가 없다. SECTION 2 를 마치는 시점에는 이 퀴즈의 답을 쉽게 알게 될 것이다.

영어에서 사역동사는 make, let, have이다. 이에 더해, '사역에 준하는 표현을 할수 있다'라는 점에서 get도 사역동사의 하나로 본다.
'나는 그에게 그 일을 하게 했다'라는 문장을 동사 make, let, have, get을 써서 만들어 보자. 문장은 다음과 같다.

---

1. I'll make him do it.
2. I'll have him do it.
3. I'll let him do it.
4. I'll get him to do it.

네 문장 중 get이 사용된 문장만 'get+A+to do(to부정사)' 형태이고, make/have/let이 쓰인 문장은 '사역동사+A+do(동사원형)' 형태이다.
SECTION 2 에서 집중해야 할 것은 두 가지인데, 첫째는 '(누군가에게) ~을 하게하다/~시키다'라는 의미의 **make, have, let의 공통점과 차이점**이다. 1, 2, 3은 문장 형태가 같기 때문에 분명히 공통점이 있지만, 동사 형태가 각각 다르므로차이점도 있을 것이다. 둘째는 **get의 문장 형태만 다른 이유**이다. 문장 형태가 다르다면 의미도 다를 것이다. 이번에도 'CORE 학습의 2대 원칙'인 '**형태가 다르면 의미도 다르다**', '**형태가 같으면 공유하는 본질적인 의미가 있다**'가 이해의 열쇠로 작용한다.

● **사역동사의 형태**

우선, 사역동사를 쓰는 문장의 형태(사역동사+A+do)를 살펴보자. 이때 주목할 것은 동사 뒤에 나오는 '**짧은 절**'이다. '짧은 절'은 '**주어 역할을 하는 부분**'과 '**술어 역할을 하는 부분**'이 함께 있는 덩어리라고 생각하면 된다. 이 정도의 설명만으로는 아직 감이 잘 안 올 것이다. I will make her smile again(나는 한 번 더 그녀를 웃게 할 거예요).라는 문장을 통해 짧은 절이 무엇인지 알아보자.

예문에서 점선으로 둘러싼 부분이 짧은 절의 이미지이다. 앞에서 설명한 짧은 절의 정의에 따라 점선 안의 부분을 살펴보자, 'her smile again'에서 her는 주어, smile again은 술어라고 볼 수 있다. 그러면 이 부분은 '그녀가 다시 한번 웃다'라는 하나의 의미 덩어리가 되는데, 이 덩어리가 짧은 절이다. 전체 문장 안에서 이 덩어리를 보면, 이 덩어리를 make하는 것이므로 '그녀가 다시 웃는 상황을 **만들다(make)**', 즉 '그녀를 다시 한번 웃게 하겠다'라는 의미가 된다. 다른 예문도 살펴보자.

○   I'll have my husband do the cleaning.

사역동사 have가 사용된 'have+A+do(동사원형)' 형태의 문장으로, 앞에서 다룬 I will make her smile again.과 문장 형태가 같다. 이 말은, I'll have my husband do the cleaning. 문장을 사역동사 make가 쓰인 문장과 같은 방식으로 인식해야 한다는 뜻이다. 예문의 짧은 절 이미지를 그려 보자.

I'll　　have　　my husband　do the cleaning.

주어 부분 (남편이)　술어 부분 (청소하다)

짧은 절

이런 이미지가 그려지는가? '남편이 청소하다'라는 상황을 have(가지다)하게 된 것은 다시 말하면, '남편에게 청소하게끔 하는' 것이다.

앞으로는 make, have, let 중 어떤 사역동사가 나오든 같은 방식으로 문장을 바라보자. '사역동사+A+do'는 '사역동사+[짧은 절(A+do)]' 형태로, 'A가 ~하는 상황을 만들다'라는 의미로 이해하면 된다.

사역동사 make, have, let이 쓰인 문장은 형태가 같기에 나타내는 대략적인 의미가 같다. 그러나 이 세 동사는 각기 형태가 다르기에 의미상 차이가 있다. 지금부터는 그 차이를 알아보자.

● 사역동사 make

사역동사 make, let, have의 '~을 하게 하다/~시키다'에는 미세한 의미 차이가 있다. 그 차이를 이해하려면 make, let, have 동사의 CORE를 알아야 한다. make의 CORE◎는 '손을 대 (변화시켜) 무언가를 만들다'이다.

CORE ◎ IMAGE

make

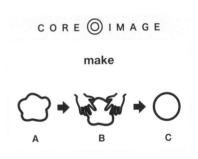

A　　　B　　　C

CORE ◎ IMAGE 를 보면, A가 B를 거쳐 C로 (형태가) 변화하는 것을 알 수 있다. 따라서 'make+A+do'는 '원래 ~할 생각이 없던 사람에게 하게 하다'라는 뉘앙스를 갖는다.

예를 들어, 남자친구와 헤어진 뒤 우울해하는 여자를 보고 '내가 그녀를 다시 웃게 하겠다'라고 할 때 사역동사 make를 써서 I will make her smile again.이라고 말할 수 있다. make의 CORE◎ 가 잘 반영된 표현이다.

다른 예도 살펴보자. 정리가 안 된 아들의 방을 본 어머니가 I will <u>make</u> my son clean his room today(오늘이야말로 아들에게 자기 방을 치우게 하겠다).고 말했다면, 이 역시 '**손을 대 (변화시켜) 무언가를 만들다**'라는 make의 CORE 때문에 '의도적으로 청소를 하게 하겠다'라는 느낌이 들게 한다. 예를 통해 알아본 바와 같이, make 가 사역동사로 쓰이면 대개는 **강제성**을 띤다.

Matt <u>made</u> Cathy work harder(맷은 케시를 더 열심히 일하게 했다).라는 문장은 'Matt 가 Cathy를 억지로 일하게 했다'는 뉘앙스를 전달한다. 반면, Her song <u>makes</u> me feel happy(그녀의 노래는 나를 행복하다고 느끼게 한다).는 강제성을 포함하지 않는 문 장이다. 하지만 여기에서도 '내가 행복한 기분이 된다'라는 **변화**의 뉘앙스는 느낄 수 있다.

그럼 201쪽의 를 다시 풀어 보자.

[
A와 B가 다투고 서로에게 몹시 화가 난 상황이다. A가 자리를 뜨려고 문 앞 에 서 있는 B에게 "Get out of my way(저리 비켜)!"라고 소리쳤다. 그 말에 B 가 "Make me!"이라고 맞받아쳤는데, 이 말은 무슨 뜻일까?
]

"Make me!" 뒤에 무엇이 생략되었는지를 아는 것이 핵심이다. 생략된 부분을 A 의 발언에서 찾은 다음 A-B의 발언을 나란히 써 보면 쉽게 답을 구할 수 있다.

A Get out of my way! (저리 비켜!)

B <u>Make me</u> get out of your way! (해 보시지!)

따라서 의 정답은 〈나를 비키게 해 봐!〉이다.

Make   me   get out of your way!

주어 부분   술어 부분

(내가)   (너의 길에서 비키다)

짧은 절

B의 발언은 동사 make로 시작하므로 명령문인데, 이 발언을 앞에서 배운 짧은 절로 나눠 보면 이해하기 쉽다. '내가 비키다'라는 상황을 만들어 보라고 명령하는 것이므로 '나를 비키게 할 수 있다면 해 봐!'라고 상대방을 도발하는 발언이다. 사역동사 make가 지닌 강제성이 잘 드러난 표현이다.

Get out!   Make me!

● 사역동사 let

사역동사 make의 핵심은' 강제성'과 '변화'이다. 그에 반해, let의 **C O R E ◎** 는 **'막지 않다'**이다. 따라서 '**let+A+do(동사원형)**'는 A에게 어떤 일을 하게 하지만 **'A가 원래 그 일을 하려는 마음이 있었다'**라는 뉘앙스를 전달한다.
'A가 ~하다'라는 것이 원래부터 A가 하려던

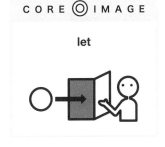

C O R E ◎ I M A G E

let

일이라든가, 흐름상 A가 그것을 하는 것이 자연스러운데 이를 **막지 않는** 상황이므로 '**A에게 ~하게 해주다**'라는 의미가 된다. I let my son drink some milk.라는 문장을 예로 들면, 원래 my son은 milk를 마시려고 했고 이를 I가 막지 않았다는 (**허가**) 뉘앙스이다. 그러므로 이 문장은 '나는 아들에게 우유를 마시게 해주었다'로 해석한다. 반면, I made my son drink some milk.는 '(원래 마시고 싶어하지 않던) 아들에게 억지로 우유를 마시게 했다'라고 강제성이 포함된다.

'아이들을 밖에서 놀게 했다'라는 뜻의 문장도 어떤 사역동사를 쓰느냐에 따라 다른 뉘앙스를 전달할 수 있다. We made our children play outside.라고 하면 집 안에서만 노는 아이들을 '억지로 밖에 나가 놀게 한' 것이지만, We let our children play outside.라고 하면 원래 바깥에서 놀고 싶어하던 아이들을 밖에서 놀게 '허락해 주었다'라는 뉘앙스를 전달한다. 즉, 생각이 없던 것을 억지로 하게 했는지, 원래 하고자 했던 것을 막지 않고 하게 해주었는지의 차이가 있다.

• 사역동사 have

'have+A+do(동사원형)'의 사역동사 have에는 make의 '강제성'이나 let의 '허가'의 뉘앙스는 없다. have는 **객관적이면서 중립적인** 느낌이다. have의 **C O R E ◎** 가 **'자기 영역 안에 가지고 있다'**라는 것을 기억하는가?

따라서 사역동사 have가 쓰인 문장이 갖는 의미는 **'[A가 ~을 하다]라는 상황을 소유/확보하다'**이다. 예를 들어, 호텔 직원에게 내 짐을 방까지 나르게 한 상황을 I had the staff carry my bag.이라고 표현할 수 있는데, 이때의 had는 '직원이 짐을 나르는' 상황을 내가 소유/확보했다는 사실을 객관적이고 중립적으로 드러낸다. 앞에 나온 I'll have my husband do the cleaning(나는 남편에게 청소하게끔 하겠다).이라는 문장도 '남편이 청소하는' 상황을 내가 소유/확보할 것이라는 의미를 객관적이고 중립적으로 나타낼 뿐, 주어가 강제적으로 남편에게 청소를 시키거나 원래 남편이 청소하고 싶어했는데 이를 허락하는 느낌이 아니다. 이는 have에는 '가지다'라는 의미밖에 없기 때문이다.

이처럼 사역동사 make, let, have를 사용한 표현은 동사에 따라 전달하는 의미가 조금씩 다르다. 사역동사를 일률적으로 '~하게 하다/~시키다'로만 외운다면 원하는 의미를 제대로 표현할 수 없다. 그러니 각 사역동사의 **C O R E ◎** 를 이해하여 표현의 폭을 넓히자.

또한, 이러한 사역 표현은 '**사역동사+짧은 절**'의 형태라는 것도 기억해 두자.

PART
6

● 사역 표현의 get 뒤에는 왜 to do가 나올까?

이제 또 다른 사역 표현인 get에 관해 알아보자. get 사역 표현은 다른 사역동사들과 달리 'get+A+to do(to부정사)'의 형태라는 것은 이미 언급했다. 그러면 왜 get 뒤에는 to부정사가 나오는 것일까? "to"에 어떤 의미가 있는지 알게 되면 get 사역 표현의 특성을 이해하게 된다.

PART 5 에서 배웠지만, to의 **C O R E ◎** 는 '**대상으로 향하다/대상과 마주하다**'이다. '향하다', '마주하다'는 기본적으로 상대방, 골, 목표, 결과로 향하거나 그것과 마주하는 것이다. 그래서 'to+동사원형'의 형태인 to부정사의 **C O R E ◎** 는 '**행위로 향하다/행위와 마주하다**'이다. 이에 따라 'get+A+to do'는 '**A가 ~하는 방향으로 향하게끔 하다**'라는 의미이다.

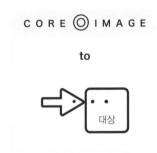

I will get him to do it(나는 그에게 그 일을 하게끔 하겠다).라는 예문을 살펴보자.

예문에서 '그가 그 일을 하는 **쪽으로 향하게 하다**'라는 뉘앙스를 느낄 수 있는 것은 to 때문이다. 애초에 get이 make, let, have의 동족이라는 오해 때문에 "같은 사역 표현인데 왜 get 뒤에는 to부정사가 오지?"라는 의문이 생기는 것이다. get 외에 '동사+A+to do'의 문장 형태를 갖는 동사로 persuade(설득하다)가 있다.

○ Can you persuade your girlfriend to eat more vegetables?
    너는 너의 여자친구가 채소를 더 먹게끔 설득할 수 있니?

persuade야말로 '**행위로 향하게 하는**' 느낌이 들지 않는가? 설득하여 채소를 먹게 하는 것이므로 '행위를 하게 하는' 것이다. 동사 recommend도 살펴보자.

○ I recommended Joyce to come to Korea.
    나는 조이스에게 한국에 오도록 권했다.

recommend도 persuade와 마찬가지로 '행위로 향하게 하는' 동사이다. 이처럼 get은 make, let, have보다 persuade나 recommend와 특성이 비슷한 동사이다. 이런 동사를 '향하게 하는 동사'라고 부르겠다.

향하게 하는 동사인 get은 '**get+A+to do(to부정사)**' 형태로 쓰지만, 사역동사는 **make/have/let+A+do(동사원형)** 형태로 쓴다는 것을 기억하면서 사역 표현을 나타내는 두 가지 문장 형태의 의미 차이를 다시 한번 비교해 보자.

1　사역동사(make, let, have) + A + do(동사원형)

　: A가 ~하는 상황을 만들다

2　향하게 하는 동사(get 등) + A + to do(to부정사)

　: A가 ~하는 쪽으로 향하게 하다

'향하게 하는 동사+A+to do' 형태로 쓰인 다른 예문도 보자. 각 문장에서 to의 **C O R E ◎** 를 느끼길 바란다.

1　encourage: ~하도록 용기를 북돋우다/격려하다

He encouraged her to apply for the job.

그는 그녀가 그 일자리에 지원하도록 격려했다.

2　require: ~하도록 요구하다

The teacher required the students to submit their essays.

그 선생님은 학생들에게 에세이를 제출하도록 요구했다.

3　ask: ~을 하도록 요청하다/부탁하다

He asked her to go out with him.

그는 그녀에게 사귀자고 요청했다.

마지막으로, '동사+A+to do' 형태를 갖는 동사 유형을 하나 더 알아보자. '바라는 동사'는 '향하게 하는 동사'와 문장 형태가 같다.

○　I want you to come to the party with me.

나는 네가 나와 함께 파티에 가기를 원한다.

'A가 ~하는 일을 향하도록 바라다'라는 의미를 갖는데, 여기에서도 to의 **C O R E ◎** 를 느낄 수 있는가? 동사 expect(기대하다, 예상하다)도 같은 문장 형태로 쓰인다.

PART

6

○　Do you <u>expect</u> me to <u>believe</u> that?

너는 내가 그것을 믿기를 기대해?

이제까지 get은 사역동사지만 다른 사역동사와는 달리 뒤에 to부정사가 나온다고 외웠다면, 지금부터는 get이 다른 사역동사와는 특성이 다른 동사라고 기억하자.

문장의 형식 관련 Q&A ❷

4형식 문장에는 동사 explain을 쓸 수 없다고 배웠을 것이다. 그 이유는 무엇일까?
say나 tell을 비교하면 이해가 쉽다.

explain은 '설명하다(설명해 주다)'라는 뜻이기 때문에 4형식 문장에서 사용할 수 있을
것처럼 보인다. introduce도 마찬가지이다.

explain과 introduce는 say와 비슷한 특성의 동사

explain과 introduce는 '상대방에게 전달하다/넘겨주다'에 초점이 맞춰져 있지
않은 동사이다. 그렇기 때문에 '대상으로 향하다'라는 의미를 가진 전치사 to를 써서
He explained the reason to me.처럼 표현해야 한다. 이런 예만 봐도 CORE를
이해하는 것이 얼마나 중요한지 알 수 있다.

PART
6

SECTION 3

문장의 5형식만으로는
부족하다

들어맞지 않는 문장도 있다

> ● 영어 문장을 다섯 가지 형식으로만 볼 때의 한계

문장이란 '말이나 글로 나타낼 때 의미를 전달하는 최소 단위'를 뜻한다. 문장은 그것을 구성하는 성분의 배열 순서에 따라 구조가 결정되는데, 영어는 '문장 구조의 패턴'에 따라 문장의 형식을 나눈다.

우선, 문장을 구성하는 성분에 관해 기존에 학습한 내용을 다시 떠올려 보자.

TRADITIONAL WAY

① 문장의 구성 성분은 주어, 서술어, 목적어, 보어이다. 구성 성분에 해당하는 품사는 명사, 대명사, 동사, 형용사이다.

② 부사나 전치사구는 '수식어'이다. 수식어는 명사나 그 외의 품사를 수식하는 역할을 하지만, 문장 구성에는 필수적이지 않은 정보로 간주하기 때문에, 문장의 형식을 따질 때 제외한다.

지금부터 '부사나 전치사구는 문장 구성에는 필수적이지 않은 정보이므로 문장

의 형식을 따질 때 제외해도 된다'라는 식의 이야기가 적절한지 살펴볼 것이다. 먼저, 다음 퀴즈를 풀어 보자.

He put the dishes on the table(그는 식탁 위에 접시를 놓았다).은 몇 형식 문장인가?

🔎정답 p.213

① 1형식(S+V)

② 2형식(S+V+C)

③ 3형식(S+V+O)

④ 4형식(S+V+O+O)

⑤ 5형식(S+V+O+C)

⑥ 어디에도 속하지 않는다.

간단히 풀었는가? 쉽다고 생각한 사람들은 대부분 ③을 답으로 골랐을 것이다. on the table(테이블 위에)은 전치사구인데, **전치사구는 문장의 구성 성분에 해당하는 요소가 아니**라고 여태까지 배웠기 때문이다.

He put the dishes
S   V   O

on the table

이건 전치사구이니까 문장 형식을 판단하는 데에는 필요 없어.

PART
6

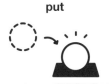

CORE ◎ IMAGE

put

하지만 이렇게 결론을 내리기에는 이르다. put의 **CORE ◎** 가 '**무엇을 (움직여서) 어디에 두다**'라는 것을 기억하는가? put에는 '무엇'에 해당하는 정보뿐 아니라 '어디'에 해당하는 정보 또한 필요하다(※ PART 1 참조). 이를 바탕으로 생각하면, 지금까지 배운 영문법 내용에서는 전치사구를 문장의 구성 성분에 해당하는 요소로 포함하지 않았지만, 퀴즈에 나온 on the table은 문장에 꼭 필요한 구성 요소임을 알 수 있다. 따라서 QUIZ 의 정답은 〈⑥〉이다. 즉, 퀴즈의 문장은 기존의 5형식 중 어디에도 속하지 않는 것이다. 이 퀴즈를 통해 영어 문장을 **다섯 가지 형식으로만 나누는 것이 충분하지 않다**는 사실을 느끼게 되었을 것이다.

물론, 전치사구가 문장 안에서 단순히 '부가적인 의미만 전달하는' 경우도 많다. 예를 들어, George broke the window with Mary.에서의 with Mary는 부가적인 의미를 추가하는 정도의 정보이기 때문에, 이 문장에서 with Mary를 삭제하더라도 문장의 핵심 의미를 전달하는 데에는 아무런 문제가 없다.

○ **George broke the window.**
조지는 창문을 깨트렸다.

그러나 He put the dishes on the table.에서는 전치사구인 on the table을 삭제할 수 없다. put의 **C O R E ◎** 가 **'무엇을 (움직여서) 어디에 두다'**이기 때문에 '어디에'를 나타내는 on the table이라는 정보가 꼭 필요한 것이다.
이제 다른 예문을 살펴보자.

○ **The picture reminds me of my school days.**
그 사진은 나에게 학창 시절을 기억나게 한다.

이 문장에서 마지막 부분인 전치사구 of my school days를 빼고 The picture reminds me(이 사진은 나에게 ~을 상기시킨다).로 끝내면 어떻게 될까? 도통 무슨 말인지 알 수 없을 것이다. '무엇을 기억나게 하는가'에 관한 정보인 전치사구 of my school days가 이 문장에는 필요하다.
다른 예문도 보자.

○ **Emma made grapes into wine.**
엠마는 포도로 와인을 만들었다.

이 부분을 없애면 문장이 성립하지 않는다 ↰

전치사구 into wine을 없애면 문장이 성립하지 않는다. 이러한 예는 많다.

○ Edward wiped the towel <u>across his face</u>.

에드워드는 수건으로 얼굴을 닦았다.

○ He compared John Lennon <u>to Bob Dylan</u>.

그는 존 레넌과 밥 딜런을 비교했다.

이처럼 5형식만으로는 이해할 수 없는 문장이 영어에는 무수히 많다. 덧붙여 말하자면, 다섯 가지 문장 형식 중 1형식 문장 구조는 S(주어)+V(술어)인데, 영어에는 이렇게 '주어+술어'로만 끝나는 문장이 오히려 드물다. 1형식은 '주어가 ~하다'라는 의미의 매우 단순한 구조의 문장으로, Humans walk, fish swim, and birds fly(사람은 걷고, 물고기는 헤엄치고, 새는 난다.)가 1형식 문장의 예이다. 경기 결과를 말할 때 China lost(중국이 졌다)라든가, 동사 matter(중요하다, 문제되다)가 사용된 That doesn't matter(그건 중요하지 않아.)도 동사 뒤에 아무것도 붙지 않는 단순한 1형식 문장이다.

그럼 다음 예문은 어떠한가?

○ She lives <u>alone</u>.

그녀는 혼자 산다.

○ Joe looked <u>at the sky</u>.

조는 하늘을 쳐다보았다.

기존에 배운 영어 문장의 형식 관련 내용에서는 부사나 전치사구를 문장의 구성 성분에 해당하는 요소로 보지 않았기 때문에, 문장의 형식을 따질 때 이 두 문장 속의 alone이나 at the sky는 불필요한 정보로 간주된다. 그러나 Joe looked at the sky.에서 전치사구 at the sky를 빼고 Joe looked.라고만 하면 아예 의미를 알 수 없는 문장이 된다. She lives alone.에서도 부사 alone을 빼고 그냥 She lives.라고만 하면 원래 의도와는 전혀 다른 의미가 된다.

다른 예문도 보자.

○ **She is in the kitchen.**
   그녀는 부엌에 있다.

○ **We depend on him.**
   우리는 그를 의지하고 있다.

위의 예문에서도 전치사구가 문장의 필수 정보임을 알 수 있다. 이런 예를 통해 영어 문장을 5형식으로만 기계적으로 분류할 수 없다는 것을 깨닫기를 바란다.

PART 6 에서는 '**문장의 형식(형태)에도 의미가 있다**'라는 사실을 반복하여 설명했다. 이제부터는 문장의 형식(형태)의 **C O R E ◎** 를 바탕으로 문장을 파악하고, 적절하게 만들어 보자.

✦⁺ N E W A P P R O A C H ⁺✦

1. 문장 형식(형태)의 **C O R E ◎** 를 이해하자.
2. 부사나 전치사구도 문장 안에서 꼭 필요한 정보일 수 있다.

PART 7

관사의 CORE를 파악해 보자

PART 7에서는 관사를 다룬다. a/an이나 the를 어떻게 구분해서 쓸지, 어떤 상황에서 관사를 쓰지 않는지 등 관사를 어려워하는 학습자가 많다. 가산명사와 불가산명사, 정관사와 부정관사의 CORE를 배워서 관사를 이해하자.

● **a? the? 아니면 무관사?**

아래 제시된 다섯 문장의 의미는 무엇이며, 어떤 의미 차이가 있을까?

☐1 I ate chicken. ☐2 I ate a chicken.

☐3 I ate chickens. ☐4 I ate the chicken.

☐5 I ate the chickens.

🔎해설 p.238

열심히 관사를 공부했다는 학습자 중에도 부정관사 a/an과 정관사 the의 차이를 확실하게 알거나 어떤 상황에서 관사를 쓰지 않는지 자신 있게 설명할 수 있는 사람은 드물다. 보통은 관사를 어려워하고 제대로 쓰지 못한다. 하지만 PART 7 을 끝마칠 무렵에는 관사에 자신감이 붙을 것이다. PART 7 에서는 **관사를 적절하게 가려 쓰는 방법**에 관해 집중적으로 다룰 텐데, 여태까지의 학습법과는 다소 다르게 접근하고자 한다. 관사를 이해하려면 명사의 특성부터 파악해야 한다.

따라서 '**가산명사와 불가산명사**'에 관해 살핀 다음 관사의 '**정**', '**부정**' 개념을 다루겠다. 이 두 가지 관점을 기준으로 명사 앞에 a/an을 붙이는가 the를 붙이는가, 아니면 아무 관사도 붙이지 않는가를 배워 가자.

● **가산명사와 불가산명사**

영어에서 명사는 크게 가산명사와 불가산명사로 나뉜다. '가산명사'는 **셀 수 있는 명사**, '불가산명사'는 **셀 수 없는 명사**이다. 가산명사는 단수인 경우 앞에 부정관사인 a/an을, 복수인 경우 a/an 없이 단어 끝에 -s/-es를 붙인다. 한편, 불가산명사는 단수, 복수 구별이 없다. 가산명사와 불가산명사는 세부적으로는 보통명사, 추상명사, 집합명사 등으로 분류된다. 여기까지는 대부분 아는 내용일 것이다. 기존에 명사에 관해 배운 내용을 다시 한번 살펴보자.

---- TRADITIONAL WAY ----

① 가산명사: 셀 수 있는 명사. 단수일 때는 단어 앞에 a/an을 붙이며, 복수일 때는 단어 끝에 -s/-es를 붙인다.
   예 apple, bag, week, singer 등

② 불가산명사: 셀 수 없는 명사. 단어 앞에 a/an을 붙일 수 없고, 단어 끝에 -s/-es를 붙여 복수형을 만들 수 없다.
   예 water, money, bread, information 등

③ 명사의 다섯 가지 분류
   ⓐ 가산명사: 보통명사, 집합명사
   ⓑ 불가산명사: 물질명사, 추상명사, 고유명사

그런데 TRADITIONAL WAY 를 보면 몇 가지 의문이 든다. 영어에서 '셀 수 있다'는 것은 무엇을 의미할까? 매일 돈을 세며 사는 우리에게 'money(돈)'는 셀 수 없는 불가산명사'라는 말은 쉽게 납득되지 않는다.

보통명사, 물질명사 등의 세부 분류도 알쏭달쏭하지 않은가? 기존 문법책에서는 '보통명사는 꽃, 나무처럼 특정 사물 종류에 보편적으로 적용되는 명사'라고 설명

한다. 그렇다면 coffee(커피)나 gold(금)는 보통명사일까? 아니다. coffee와 gold는
물질명사이다.

덧붙여서, 물질명사나 추상명사를 흔히 '형태가 없는 명사'라고 설명한다. 그러나
week(주)이나 year(연도, 해)는 형태가 없는데 보통명사이다. stone(돌)은 어떤가? 형
태가 있는데 물질명사이다. 그럼 feeling(기분)은 어떤 명사일까?

위에 열거한 예를 통해서도 알 수 있듯이, 기존의 명사 분류는 가산명사와 불가산
명사를 정확하게 이해하고 활용하는 데에 유용한 지식이라고는 보기 어렵다.

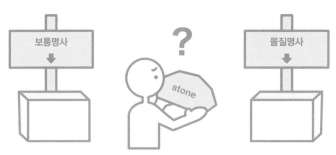

기준이 모호한 면이 있어서 어느 쪽으로 분류해야 할지 알기 어려운 명사가 많다

이제 다음 퀴즈를 풀어 보자.

 QUIZ A

원어민이 아래 대화를 들으면 이상하다고 느낄 것이다. 어디가 이상할까?

정답 p.223

A   What is in this salad? It tastes so good.

B   Oh, actually, I added some apples to it.

A   이 샐러드에 뭐가 들어갔어? 아주 맛있네.

B   아, 실은 사과를 좀 넣었어.

'테이블 위에 양파가 있는 것을 보고 그는 놀랐다'라는 문장을 영어로 표현
할 때 ①과 ② 중 무엇이 적절할까? 아니면 둘 다 써도 될까?　　　　○정답 p.223
①　He was surprised to see <u>onion</u> on the table.
②　He was surprised to see <u>onions</u> on the table.

두 퀴즈의 답을 알겠는가? 영어의 가산명사, 불가산명사를 이해하는 데에 있어
중요한 것은 해당 명사가 집합명사인지, 추상명사인지, 물질명사인지를 아는 것
이 아니다. 핵심은 **화자가 대상을 어떻게 보고 있는지**이다.

● '본연의 형태를 갖고 있다'라는 관점으로 보는가

'영어에는 가산명사와 불가산명사가 있다'라는 말을 들으면 마치 영어에는 가산
명사, 불가산명사라고 확실히 구분되는 두 종류의 명사가 있는 것처럼 들린다. 그
러나 이것이야말로 기존 학습법의 폐해라고 하겠다.

명사를 칼로 무 자르듯이 가산명사와 불가산명사라는 두 종류의 명사로 나눌 수
는 없다. 화자가 해당 대상을 **어떻게 보고 있느냐**에 따라 '가산'인지 '불가산'인지
가 결정된다. 다시 말하면, 화자가 대상을 **본연의 형태를 갖고 있는 것으로 보는
지**가 핵심이다.

APPLE(사과)을 예로 들어 설명하겠다. (➡ 대문자 APPLE로 표기한 것은 가산명사/불가산명사,
정관사/부정관사를 떠나 '중립적인 개념으로서의 명사'로 나타내고 싶어서이다. PART 7 에서는 이런 의도
로 표현하고 싶은 명사는 다 대문자로 표기했다.) 보통 '사과'라고 하면 공 모양의 둥근 사과 이
미지를 떠올릴 것이다. 이 형태가 우리 머릿속에 정해져 있는 사과의 **본연의 형
태**이다.

영어로 '바구니에 사과 한 개가 있다'는 There is <u>an apple</u> in the basket, '사과
가 여러 개 있다'는 There are <u>some apples</u> in the basket.이다. 이 두 문장에
서의 APPLE은 우리 머리에 정해져 있는 둥근 모양의 사과이다. 그래서 이때의
APPLE은 **가산명사**로 보고, 단수일 때는 an apple, 복수일 때는 apples로 표현
한다.

반면, 잘게 쪼개거나 갈아버린 사과는 정해진 '본연의 형태를 갖고 있다'라고 보기 어렵다. 그래서 이런 경우는 **불가산명사**로 취급하여 apple로 표현한다.

요점은, APPLE은 가산명사로도 불가산명사로도 쓸 수 있다는 것이다. APPLE에만 국한된 이야기가 아니다. **대부분의 명사는 가산명사로도 불가산명사로도 쓸 수 있다.** 이미 언급했듯, 화자가 그 대상을 어떻게 보느냐에 따라서 가산명사로 쓰기도 하고 불가산명사로 쓰기도 하는 것이다. 이것은 매우 중요한 포인트이다. 그럼 220쪽의 QUIZ A의 답을 살펴보자.

원어민이 아래 대화를 들으면 이상하다고 느낄 것이다. 어디가 이상할까?

A What is in this salad? It tastes so good.

B Oh, actually, I added some apples to it.

A 이 샐러드에 뭐가 들어갔어? 아주 맛있네.

B 아, 실은 사과를 좀 넣었어.

이제는 답을 알 수 있을 것이다. B의 발언 "I added some apples to it."을 그림으로 나타내면 아래와 같다.

본연의 형태를 가진 사과
여러 개가 들어 있는 샐러드

단어 끝에 s를 붙여 복수형인 apples라고 쓴 것은 APPLE을 가산명사, 다시 말해 '본연의 형태를 갖고 있는 사과'의 상태로 화자가 인식하고 있다는 것을 보여 준다. 샐러드에 사과를 통째로 몇 개 넣다니 이상하지 않은가? 따라서 〈B의 발언은 '본연의 형태를 그대로 갖고 있는 사과를 샐러드에 여러 개 넣었다'라는 의미이기 때문에 어색하다〉가 QUIZ A 의 답이다.

이어서 QUIZ B 도 살펴보자.

'테이블 위에 양파가 있는 것을 보고 그는 놀랐다'라는 문장을 영어로 표현할 때 1과 2 중 무엇이 적절할까? 아니면 둘 다 써도 될까?
1   He was surprised to see <u>onion</u> on the table.
2   He was surprised to see <u>onions</u> on the table.

1에서는 ONION이 관사 없이 쓰였다. 이것은 화자가 해당 양파를 '본연의 형태를 갖고 있지 않은' 상태로 보고 있음을 뜻한다. 예를 들어, 잘게 다져진 양파가 테이블 위에 펼쳐져 있는 모습을 봤다면 1처럼 표현할 수 있다.
그렇다면 2에서는 어떤 의미일까? ONION이 복수형인 onions로 쓰였으므로 이때의 ONION은 가산명사이다. 양파 본연의 형태를 그대로 간직한 양파 여러 개가 테이블 위에 놓인 상황을 묘사하는 것이라면 2처럼 표현하면 된다.

두 문장 모두 문법적으로 맞지만, 묘사하는 상황은 다르다

따라서 QUIZ B 의 답은 〈1과 2 둘 다 쓸 수 있다〉이다. 문법적으로는 둘 다 맞는 문장이고, 표현하는 상황이 다를 뿐이다. 이처럼 단어 끝에 복수형을 만드는 -s/-es가 붙느냐 안 붙느냐에 따라 화자가 표현하려는 상황이 달라진다는 사실을 기억하자.

반복해서 말하지만, 화자가 대상을 '본연의 형태를 갖고 있는' 것으로 보는 경우에는 그 대상을 가산명사로 취급한다. 본연의 형태를 갖고 있다고 본다는 것이 의미하는 바를 더 구체적으로 알아보자.

GLASS를 예로 들겠다. I found a glass on the floor this morning.이라는 문장에서의 GLASS는 어떤 의미일까? 관사 a와 함께 쓰였으므로 컵으로서 본연의 형태를 갖고 있는 glass, 즉 가산명사인 '유리잔'임을 알 수 있다. 그래서 이 문장은 '나는 오늘 아침에 바닥에서 유리잔을 발견했다'로 해석한다.

그럼 I found glass on the floor this morning.이라는 문장에서의 GLASS는 무엇일까? 관사 및 복수형을 만드는 -s/-es가 붙지 않았기 때문에 불가산명사로 취급, 예를 들면 '깨져서 산산이 조각난 형태의 glass'를 의미한다고 할 수 있다. 본연의 형태를 갖지 않는 상태의 glass이기 때문에, '나는 오늘 아침에 바닥에서 유리 조각들을 발견했다' 정도로 해석한다.

a glass   glass

그렇다면 아래 그림과 같은 상태의 와인잔은 영어로 어떻게 표현할까?

a glass   glass

조금 깨졌더라도 와인잔 본연의 형태를 어느 정도 유지하고 있다면 a glass라고 한다. 깨진 상태를 기준으로 a glass를 쓸지 glass를 쓸지 판단하는데, 만약 그 형태가 많이 훼손되어 잔으로서 역할을 할 수 없을 정도라면 불가산명사로 취급하여 관사 없이 glass로 쓴다.

○ I found <u>glasses</u> on the floor this morning.

이 예문의 경우, GLASS 끝에 복수형을 만드는 -es가 붙었으므로 본연의 형태를 갖춘 유리잔이 '두 개 이상' 있음을 나타낸다. 그런데 glasses라고 하면 영어 원어민들은 유리잔이 아닌 '안경'을 먼저 떠올리곤 한다. 그래서 이 문장은 '나는 오늘 아침에 바닥에서 유리잔들을 발견했다'와 '나는 오늘 아침에 바닥에서 안경을 발견했다'라는 두 가지 의미로 해석할 수 있다.

복수의 컵이나 안경은 모두 glasses

이제 ROOM의 예도 살펴보자.

○ Is there <u>a room</u> for me?

흔히 호텔 등에서 "방 있나요?"라고 물을 때 쓰는 예문이다. 방이 여러 개 필요하면 Are there <u>rooms</u> for us?라고 묻는다. 예문의 room은 집이나 건물 안에 구역을 나누고 벽으로 막은 '방이라는 본연의 형태를 갖는 공간' 으로 인식되므로 가산명사로 취급한다.

벽을 쳐서 막은 공간인 '방'은 **a room/rooms**,
단순히 '공간' 자체를 의미할 때는 **room**

그럼 아래 예문의 ROOM은 어떤 의미일까?

○   Is there <u>room</u> for me?

관사나 -s/-es 없이 쓰인 이때의 room은 불가산명사로, 막연한 '공간'을 가리킨
다. 해석하면 '나를 위한 공간이 있니?' 정도로, 차에 빈자리가 있는지 묻는 상황
등에 이 표현을 쓸 수 있다.

다음으로 NEWSPAPER도 살펴보자. '그녀는 신문지를 사용하여 불을 피웠다'라
는 의미의 영어 문장을 예로 들겠다.

○   She used <u>newspaper</u> to start fire.

관사나 -s/-es 없이 쓴 이 문장의 newspaper는 불쏘시개로 쓰려고 찢거나 구깃
구깃 구긴 신문지를 떠올리게 한다. 이때는 '신문지로서 본연의 형태를 갖고 있지
않은' 상태임을 알 수 있다.
기본적으로, PAPER는 불가산명사로 취급하여 흔히 관사 없이 paper로 쓴다. 그
것은 '종이'라는 물질 자체에는 정해진 '본연의 형태가 없다'고 보기 때문이다. 가
산명사로 취급하여 a paper로 쓰면 이 경우는 '본연의 형태가 있는 종이'로, 예를
들어 '논문'이나 특정 양식이 있는 '서류' 등을 가리킨다. 따라서 아래 예문의 경
우, 머리에 떠오르는 상황이 다르다.

○   She used <u>a newspaper</u> to start fire.

이때는 '신문으로서 본연의 형태를 갖는' NEWSPAPER로, '조간신문'이나 '석간
신문' 등이 이에 해당한다. 원어민에게 She used <u>a newspaper</u> to start fire.라는

문장을 듣고 머리에 그려지는 장면을 물어보니, 조간신문으로 부채질하여 모닥불을 피우는 모습을 상상하게 된다는 답이 돌아왔다.

a가 있고 없고에 따라 상황이 크게 달라진다

a/an이 붙고 안 붙고에 따라 이렇게 큰 의미 차이가 발생한다는 사실이 놀랍지 않은가?

이 외에도 들 수 있는 예는 많다. We need light!는 막연히 '불빛이 필요해!'라는 뜻이지만, We need a light!라고 하면 '손전등이 필요하다'라는 의미가 된다.

흔히들 가산명사라고 단정 짓는 EGG도 종종 You've got egg on your chin(턱에 달걀 부스러기가 붙었네).처럼 불가산명사로 사용할 때가 있다. 이 경우 You've got an egg on your chin(턱에 달걀 한 알이 붙었네).이라고 표현하면 의미가 이상해진다.

반대로, 일반적으로는 불가산명사라고 생각하는 '액체'도 가산명사로 쓸 수 있다. 예를 들면, BEER(맥주)를 Can I have a beer(맥주 한 잔 주세요)?처럼 쓸 수 있다. 물론, What would you like to drink(뭐를 마시겠어요)?와 같은 질문에는 Can I have beer(맥주 주세요)?라고 답해야 자연스럽다. 이 경우는 '컵에 담긴 맥주 한 잔'의 형태로 인식하는 것이 아니라, 단순히 '술의 한 종류'로 취급하는 것이 적절하다.

이처럼 화자가 대상의 상태를 어떻게 보느냐에 따라서 같은 명사가 가산명사로도 불가산명사로도 쓰인다는 사실을 잊지 말기 바란다.

✦ N E W   A P P R O A C H ✦

화자가 대상을 '본연의 형태를 갖고 있다'고 인식하는가 아닌가에 따라서 **가산명사인지 불가산명사인지**가 결정된다.

앞으로는 새로운 시각으로 가산명사와 불가산명사를 생각하자.

SECTION 2

정관사와 부정관사

'정', '부정'이 의미하는 것은?

● **명사 앞에 붙는 정관사와 부정관사**

SECTION 1 에서는 가산명사인지 불가산명사인지에 따라 관사 a/an을 붙일 수 있는지 아닌지를 알아보았다. SECTION 2 에서는 정관사와 부정관사에 관해 배울 것이다. 영어로 말을 하거나 글을 쓸 때 명사 앞에 a/an을 붙일지 the를 붙일지 헷갈리지 않는가? 항상 the와 함께 쓰는 명사 목록을 열심히 외운 기억도 있을 것이다.

the는 정관사이다. 그리고 a/an은 부정관사이다. 정관사, 부정관사에 관해 기존에는 어떻게 가르쳐 왔는지부터 보자.

TRADITIONAL WAY

① 특정한 명사를 분명하게 가리킬 때 명사 앞에 the를 쓴다.

② the의 의미는 '(바로) 그'이다.

③ 어떤 명사가 처음 등장했을 때는 a/an을 붙이고, 그다음부터는 the를 붙인다.

이제 아래 퀴즈를 풀면서 관사에 관한 공부를 본격적으로 시작해 보자.

QUIZ A

☐1~☐3 중 문장의 빈칸에 들어갈 알맞은 것을 고르시오.   🔍정답 p.234

While Jane was cleaning the toilet, her smartphone fell out of her pocket into ☐☐☐☐.

제인이 변기를 청소하는 도중, 주머니에서 스마트폰이 빠져나와 (물)에 떨어졌다.

☐1   water   ☐2   a water   ☐3   the water

QUIZ B

길에서 우연히 만난 친구로부터 다음과 같은 질문을 받았다면, ☐1~☐2 중 무엇이 대답으로 적절할까?   🔍정답 p.235

Hi, do you have the time?

☐1   Sorry, but I don't have my watch now.

     미안, 지금 시계가 없네.

☐2   Sorry, I'm going out with my mom today.

     미안, 오늘 어머니랑 외출하기로 했어.

PART
7

퀴즈가 어렵다고 느꼈다면 아직 정관사 the를 제대로 이해하지 못한 상태라고 보면 된다. SECTION 2 를 읽고 난 후에는 the의 역할이 무엇이고 언제 the를 써야 할지 깊이 이해하게 될 것이다.

● 지금까지의 학습 내용 떠올리기

TRADITIONAL WAY ①'특정한 명사를 분명하게 가리킬 때 명사 앞에 the를 쓴다'에 관해 생각해 보자. '나는 개와 고양이를 키운다'를 영어로 말할 때 I have a dog and a cat.이라고 한다. 본인(I)이 키우고 있으므로 당연히 **특정한 개와 고양이**이다. 그런데 왜 the dog and the cat이라고 하지 않을까?

TRADITIONAL WAY ②'the의 의미는 '(바로) **그**'이다'는 어떤가? 당연한 상식이라고 생각할 수도 있다. 그렇다면 The earth goes around the sun. 은 어떻게 해석해야 할까? '**그** 지구는 **그** 태양 주위를 돈다'라고 해석하는 사람은 아무도 없을 것이다. Call the police(경찰 불러)!라는 문장도 마찬가지이다.

TRADITIONAL WAY ③'어떤 명사가 처음 등장했을 때는 a/an을 붙이고, 그다음부터는 the를 붙인다'는 어떠한가? 당연하다고 생각하겠지만, 항상 그렇지는 않다. 어머니가 아무 설명 없이 자녀에게 잼이 든 병을 건네면서 Can you put this in the fridge(이걸 냉장고에 넣어 줄래)?라고 했더라도 아무 문제가 없는 표현이다. 앞에 a fridge가 언급되지 않았는데도 the fridge라고 쓸 수 있다.

지금까지 든 예만 봐도, 기존에 배운 내용만으로는 정관사 the를 완벽하게 이해하고 구사하기는 어렵다.

● 누가 특정하는가?

I have a dog and a cat. 문장을 다시 한번 살펴보자. 주목하고 싶은 것은 '**언급하는 명사가 화자에게는 특정한 것, 즉 이미 분명하게 알고 있는 것임에도 the를 쓰지 않았다**'는 점이다.

사실, TRADITIONAL WAY ①'특정한 명사를 분명하게 가리킬 때 명사 앞에 the를 쓴다'는 불충분하다. 왜냐하면 해당 명사의 '특정함'을 **누가, 어떻게** 정하는지가 빠졌기 때문이다.

먼저, '누가 특정하는가'에 관해 설명하겠다. 영어에서 정관사 the는 '**청자(듣는 사람)도 해당 명사가 무엇인지 알(특정할) 수 있다**고 화자가 판단한 경우'에 사용한다.

EARTH를 흔히 the earth로 표현하는 이유를 생각하면 무슨 말인지 알 수 있다.

보통, EARTH라고 하면 '(우리 모두가 사는 행성인) 지구'를 의미한다는 사실을 **청자도 안다**. 그래서 the earth라고 쓰는 것이다. 이제 이해가 되는가? **청자가 듣고 해당 명사가 무엇인지 특정할 수 있는가**가 핵심이다. the의 **CORE ◎** 는 '**청자(듣는 사람)도 알(특정할) 수 있다고 판단하다**'이다.

CORE ◎ IMAGE

the

참고로, '청자도 알(특정할) 수 있는' 상태를 '**정**(定)'이라고 한다. the가 정관사라고 불리는 것도 그러한 이유에서이다. 그렇다면 부정관사의 '**부정**(不定)'은 무슨 의미겠는가? 당연히, '청자가 알(특정할) 수 없는' 상태임을 나타낸다.

the에는 '**당신**(청자)**도 알고 있는**'이라는 의미가 내포되어 있다. MOON은 '위성', '달'이라는 뜻의 단어인데, 흔히 the moon으로 쓴다. 왜일까? 일상적인 상황에서 MOON이라는 단어를 듣고 목성이나 토성 주위를 도는 위성을 먼저 떠올릴 사람은 없을 것이다. 보통은 지구 주변을 도는 위성인 '달'을 이야기하는 거란 사실을 청자도 안다. 이 '당신(청자)도 알고 있는 달'이라는 의미를 the moon의 the가 드러내는 것이다.

'나는 세계 곳곳을 여행 다니고 싶어'는 영어로 I want to travel around <u>the world</u>.라고 말하는데, 이때는 반드시 the world여야 한다. 왜냐하면 이때의 WORLD는 청자에게도 특정한 것, 즉 '(우리가 지금 살고 있는) 이 세계'를 가리키기 때문이다. 만약 청자가 어떤 WORLD인지 특정할 수 없다면 the를 쓸 수 없다. 예를 들어, '나는 암이 없는 세상을 만들고 싶다'라고 말하고 싶다면 I want to create <u>a world</u> without cancer.처럼 a world로 표현해야 한다.

화자의 머릿속에서만 있는 것

PART
7

이제 청자가 '어떻게 특정하는가'에 관해 살펴보자. 이에 관해서는 ①**'화자가 직접 가리켰다'**, ②**'이미 언급했다'**, ③**'상식적으로 화자가 가리키는 게 그것일 수밖에 없다'**라는 세 가지 관점이 있다.

①**'화자가 직접 가리켰다'**는 구체적으로 설명할 필요도 없을 것이다. 길 건너편에 세워진 차를 손가락으로 가리키며 "Look at the car over there(저쪽에 있는 차 좀봐)!"라고 하면, 많은 차 중에서 어떤 차를 가리키는지 청자도 바로 알 수 있다. 그래서 the car로 표현하는 것이다. the의 **C O R E ◎** 인 **'청자(듣는 사람)도 알(특정할) 수 있다고 판단하다'**가 제대로 드러나는 예문이라고 할 수 있다.

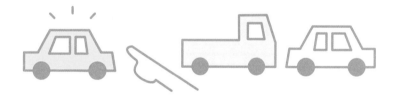

이번엔 ②**'이미 언급했다'**의 경우를 살펴보자.

○ I have a dog and a cat. The cat is very cute and the dog is very cool!

나는 개와 고양이를 한 마리씩 키운다. 고양이는 매우 귀엽고, 개는 아주 멋있다!

첫 문장에서는 a dog와 a cat으로 표현했다. 화자야 어떤 개와 고양이를 이야기하는지 알지만, **청자는 알(특정할) 수 없다고 화자가 생각하기** 때문에 부정관사인

a를 쓴 것이다. 그러나 바로 이어서 나오는 '고양이는 귀엽고 개는 멋지다'라는 문장의 고양이와 개가 **'앞에서 언급한 그 개와 그 고양이'라는 것은 청자도 알 수 있다.** 따라서 The cat is very cute and the dog is very cool!처럼 CAT과 DOG를 정관사 the와 함께 썼다.

마지막으로, ③**'상식적으로 화자가 가리키는 게 그것일 수밖에 없다'**의 경우를 살펴보자. the는 대부분 '상식적으로 당신(청자)도 알고 있는' 것을 표현할 때 쓴다. 앞에서 언급한 MOON을 흔히 the moon으로 쓰는 것이 '상식적으로 당신(청자)도 알고 있는' 경우에 해당한다.
그럼 아래 예문에서는 왜 the driver로 썼는지 생각해 보자.

○ There was an accident here yesterday. A car hit the tree and
   the driver was injured.
   어제 이곳에서 사고가 있었다. 차 한 대가 나무를 들이받았고 운전자는 다쳤다.

예문에서 DRIVER는 처음 언급되었음에도 불구하고 the driver라고 정관사가 쓰였다. 이는 맥락상 '운전자'가 나무와 충돌한 차의 운전자임을 청자도 안다고 추측하기 때문이다. 이처럼 대상을 직접 가리키면서 말하거나 미리 언급되지 않았더라도 the를 사용하는 경우는 많다.

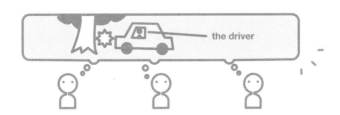

230쪽에 나온 문장 Can you put this in the fridge(이걸 냉장고에 넣어 줄래)?에서 어머니가 the fridge라고 말한 것도 ③'**상식적으로 화자가 가리키는 게 그것일 수밖에 없다**'에 해당한다. 상식적으로, 청자인 자녀가 FRIDGE라고 들으면 우리 집 냉장고를 생각하지 이웃집 냉장고를 생각하지는 않을 것이기 때문이다. 그런데 어머니가 Can you put it in a fridge?라고 말했다면, 이건 어떤 상황일까? 예를 들면, 집에 냉장고가 여러 대 있는데 그중 아무 냉장고에라도 넣으라고 말할 때 이렇게 이야기할 수 있다. 이때는 '너도 알고 있는 냉장고'라는 메시지가 담기지 않기 때문에 부정관사를 써서 a fridge로 표현한다.

그러면 이제 229쪽에 나온 의 정답을 알아보자. 여기까지 내용을 잘 이해했다면 바로 답을 찾을 수 있을 것이다.

QUIZ A

① ~ ③ 다음 중 문장의 빈칸에 들어갈 알맞은 것을 고르시오.
While Jane was cleaning the toilet, her smartphone fell out of her pocket into _____.
제인이 변기를 청소하는 도중, 주머니에서 스마트폰이 빠져나와 (물)에 떨어졌다.

① water   ② a water   ③ the water

QUIZ A 의 정답은 〈③the water〉이다. 저런 상황이면 일반적으로 청자도 WATER가 '변기 물'이라는 것을 알 수 있다고 화자는 생각할 것이다. 따라서 이 경우는 the water라고 표현하는 게 적절하다.

맥락상 '변기 물'이라는 것을
명백하게 알 수 있으므로
the water

불가산명사인 water에도 the를 붙일 수 있다

그렇다면 [QUIZ] [B] 의 정답은 무엇일까?

[QUIZ] [B]

> 길에서 우연히 만난 친구로부터 다음과 같은 질문을 받았다면, [1] ~ [2] 중
> 무엇이 대답으로 적절할까?
>
> Hi, do you have the time?
>
> [1] Sorry, but I don't have my watch now.
>
> 미안, 지금 시계가 없네.
>
> [2] Sorry, I'm going out with my mom today.
>
> 미안, 오늘 어머니랑 외출하기로 했어.

만약 친구가 "Do you have time?"이라고 물었다면 '너 시간 있니?'라는 이미이기 때문에 알맞은 답은 [2]가 된다. 그러나 친구는 "Do you have the time?"이라고 물었다. 화자나 청자 모두 상식적으로 알(특정할) 수 있는 TIME은 바로 '현재 시각'이다. 그래서 이 문장은 '너는 현재 시각을 가지고 있니?', 다시 말해 '지금 몇 시야?'라고 시간을 묻는 말이다. 따라서 〈[1]Sorry, but I don't have my watch now.〉라고 대답하는 것이 자연스럽다.

PART 7

화자와 청자 모두에게 공통적인 the time은 '현재 시각'이다

✦⁺ N E W   A P P R O A C H ⁺✦

[1] **the**의 **C O R E ◎** 는 **'청자(듣는 사람)도 알(특정할) 수 있다고 판단하다'**이다.

[2] 청자가 알(특정할) 수 있으려면 **화자가 직접 가리키거나, 이미 언급했거나, 상식적으로 화자가 가리키는 게 그것일 수밖에 없거나**의 세 가지 경우이다.

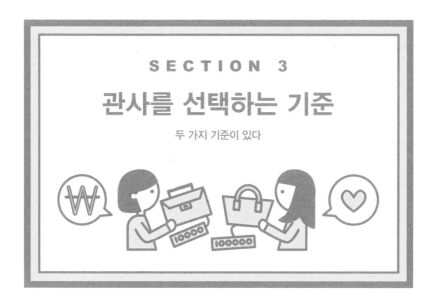

S E C T I O N 3

관사를 선택하는 기준

두 가지 기준이 있다

● 관사의 선택 기준

SECTION 1 과 SECTION 2 에서는 관사 이해의 토대가 되는 개념인 '가산명사와 불가산명사', '정관사와 부정관사'를 설명했다. 다시 한번 강조하고 싶은 것은 **불가산명사(⑩ water)에도 정관사 the를 붙일 수 있다**는 점이다.

기존 문법서에서는 a/an 또는 the 중 하나를 선택해야 하는 것으로 오인하게끔 설명한 경우가 많았기에, a가 붙지 않는 불가산명사에는 the도 붙이지 못한다고 잘못 아는 사람이 많다. 그래서 SECTION 2 를 다 읽기 전까지는 "불가산명사인 water에는 정관사 the를 못 붙인다"라고 생각한 사람이 많았을 것이다. 이에 관해서는 SECTION 2 에서 충분히 설명했다. SECTION 3 에서는 어떤 상황에 어느 관사를 쓰고, 어떤 상황에 관사를 쓰지 않는지 그 기준에 관해 다룰 것이다.

애초에, 명사를 **가산명사로 취급할지 불가산명사로 취급할지의 선택**과 관사를 **정관사로 쓸지 부정관사로 쓸지의 선택**은 전혀 다른 문제이다. SECTION 1 에서 설명한 바에 따르면, '가산명사/불가산명사'를 결정하는 기준은 대상이 '본연의 형태를 갖고 있다'고 화자가 인식하는지, 즉 '대상의 상태를 어떻게 보는지에 대한 화자의 관점'이다.

한편, '정관사/부정관사'의 선택은 화자가 청자를 염두에 두고 결정하는 것이기 때문에 어떻게 보면 '의사소통'에 관한 문제이다. 이를 바탕으로 관사를 선택하는 기준을 표로 나타내면 아래와 같다.

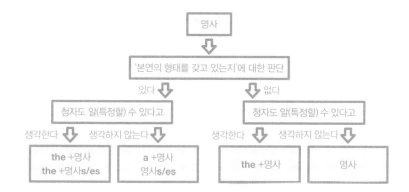

'a/an을 붙이느냐 안 붙이느냐'라는 가산명사/불가산명사의 문제와 'the를 붙이느냐 안 붙이느냐'라는 정관사/부정관사의 문제를 기준으로 관사가 결정된다. 아래 표도 참고하자.

지금부터는 이 두 가지 관점을 기준으로 관사를 선택하자.

● 관사의 차이를 검증하자

그럼 관사를 총정리하는 차원에서 218쪽에 나온 질문에 답해 보자.

1️⃣ I ate chicken.　　　　　2️⃣ I ate a chicken.

3️⃣ I ate chickens.　　　　　4️⃣ I ate the chicken.

5️⃣ I ate the chickens.

PART 7 의 내용을 잘 따라왔다면 이제 각 문장의 의미 차이를 알 것이다.
1️⃣에서는 관사 없이 chicken이라는 형태로 쓰였다. 이는 화자가 CHICKEN을
'본연의 형태를 갖고 있지 않은' CHICKEN, 즉 불가산명사로서 육류의 한 종류
인 '닭고기'로 본 것임을 의미한다. 1️⃣I ate chicken(난 닭고기를 먹었어).은 What did
you eat yesterday(어제 뭐 먹었어)?와 같은 질문에 대한 답으로 적절하다.

1️⃣

I ate chicken.

그러나 What did you eat yesterday?라는 질문에 2️⃣나 3️⃣처럼 답했다면 질문
한 사람은 매우 당황할 것이다. a chicken에는 부정관사 a, chickens에는 복수
형으로 만드는 -s가 붙었으므로 2️⃣와 3️⃣ 모두 CHICKEN을 가산명사로 취급하
고 있음을 알 수 있다. 그런데 가산명사라면 '본연의 형태를 갖고 있는' 것이므로
형태를 제대로 갖추고 있는 동물인 '닭'을 의미하게 된다. 따라서 What did you
eat yesterday?라는 질문에 2️⃣I ate a chicken(나는 닭을 한 마리 먹었다).'이나 3️⃣I ate
chickens(나는 닭을 두 마리 이상 먹었다).'라고 답하면 영어 원어민에게는 굉장히 부자연
스럽게 들린다(하지만 한국에서는 '닭고기'와 '닭'을 모두 "닭"이라고 통칭하기 때문에 크게 어색함을 못 느
낄 수도 있다). 다음 그림을 보면서 각 문장의 뉘앙스를 느껴 보자.

여담이지만, 필자는 한 어린 원어민 학생에게 "I ate a chicken."이라는 말을 들으면 어떤 장면이 떠오르는지 물어본 적이 있다. 그러자 그 학생은 빙긋 웃으며 "닭이 움직이네요"라고 말했다. 그 학생은 순간, 살아 움직이는 닭을 먹으려고 입을 벌린 모습을 떠올렸기 때문이다. 이 예시에서 알 수 있듯이, 영어 원어민들에게 a chicken이나 chickens는 육류의 일종인 '닭고기'와는 전혀 다른 것이다.

참고로, "'나는 프라이드 치킨을 네 조각 먹었다'고 말하고 싶으면 어떻게 해야 하나요?"라고 묻고 싶은 사람도 있을 것이나. ①~③ 중에서 골라야 한다면 ①I ate chicken.이 적절하겠지만, '네 조각'을 강조하고 싶다면 I ate 4 chicken strips.나 I ate 4 chicken wings.로 표현하면 된다.

그럼 ④I ate the chicken.은 어떨까? 이 문장은 두 가지 의미로 해석이 가능하다. 하나는 CHICKEN을 가산명사(a chicken)로 보고 the chicken이라고 하는 것, 다른 하나는 불가산명사(chicken)로 보고 the chicken이라고 하는 것이다. 그런데 동물인 '닭 한 마리(a chicken)'를 먹었다고 하면 아무래도 부자연스러우므로 ④의 the chicken은 '닭고기'를 뜻하는 것으로 보는 게 적절할 것이다.

그렇다면 ④는 어떤 상황에 쓸 수 있는 말일까? 예를 들어, 온 가족이 프라이드 치킨을 먹고 나서 남은 것을 다음날 먹기 위해 냉장고에 넣어 두었다고 하자. 그런데 아침에 일어나서 보니 냉장고에 넣어 둔 치킨이 사라졌다. "치킨 누가 먹었어요?"라는 묻자 아버지가 겸연쩍게 웃으며 말했다. "Sorry, I ate the chicken." 이 경우, 어떤 chicken을 가리키는지 화자와 청자 모두 알고 있으므로 the를 붙이는 것이다.

화자도 청자도 어떤 닭고기(치킨)인지 알고 있으므로 the chicken이라고 한다

마지막으로, ⑤I ate the chickens.를 살펴보자. chickens라고 복수형을 썼으므로 여기서는 CHICKEN을 가산명사인 '닭'으로 보고 있다는 것을 알 수 있다. 화자가 청자도 알 수 있는 '여러 마리의 닭'을 먹었다는 의미의 이 문장을 쓸 수 있는 상황을 굳이 상상한다면 다음과 같다.

어떤 학교에 여러 마리의 닭들이 뛰어다녀 소란스러운 교실이 있었다. 그런데 어느 날 아이들이 등교하고 보니 그 닭들이 모두 사라지고 없었다. 닭의 소재를 궁금해하는 아이들에게 선생님이 이렇게 이야기했다. "Don't you think it's quiet today? Now you can concentrate on studying. I ate the chickens(오늘은 조용하다고 생각하지 않나요? 이제 공부에 몰두할 수 있을 거예요. 제가 그 닭들을 모두 먹었답니다)." 물론, 현실에서는 있을 법하지 않은 상황이다.

부정관사 a/an이 있는가, 단어 끝에 -s/-es가 붙어서 복수형이 되었는가, the가 있는가 없는가에 따라 이렇게 의미가 달라질 수 있다는 사실을 이제는 명확하게 알았을 것이다. **관사는 화자가 대상인 명사를 어떻게 바라보고, 청자에게 어떤 의미로 전달하고자 하는지를 드러내는 지표이다.**

a와 the 응용하기 – another와 the other

슬슬 PART 7 을 마무리할 때가 왔다. 하지만 그 전에 another와 the other에 관해서 다루고자 한다. 이 두 단어를 제대로 구분하여 사용하는 사람은 흔치 않다. another와 the other 외에도 others와 the others의 차이를 제대로 아는 사람도 많지 않다.

이 주제를 이해하려면, 영어에는 '**하나의 세계**', '**둘의 세계**', '**셋 이상의 세계**'가 존재하며, 각각의 세계를 표현하는 말이 구분되어 있다는 점을 알아야 한다.

이 말의 의미를 지금부터 설명하겠다. 영어는 한국어와 달리, **단수형과 복수형을 구분하여 표현한다.** 예를 들면, 한국에서는 가방이 한 개든 두 개든 다 "가방"이다. 복수형임을 나타내는 '-들'을 단어 끝에 붙이기도 하지만, 보통은 그냥 "가방"이라고 한다. 반면, 영어에서는 '가방 한 개'는 a bag, '가방 두 개'는 two bags라고 형태를 다르게 표현한다. 이 예를 통해 영어에는 '**하나의 세계**'와 '**둘의 세계**'가 존재하며, 각각의 세계를 표현하는 말이 구분되어 있다는 말을 이해할 수 있을 것이다.

그런데 **영어는 '둘의 세계'와 '셋 이상의 세계'도 구별하는 언어이다.** 그냥 "둘 이상의 세계"로 뭉뚱그리지 않는다. 다음 표를 보자.

예를 들어, 내가 가진 스카프 두 장을 상대방에게 준다고 치자. 이때 "I have two scarves here, and you can have both."라고 말할 수 있다. '나에게 스카프가 두 장 있는데, **둘 다** 당신에게 드릴게요'라는 의미이다. 만약 I have two scarves here, and you can have either.라고 하면 '두 스카프 중 **어느 하나**를 당신에게 주겠다'라는 의미이다. 위의 두 문장은 스카프가 **두 장**이라는 것을 전제로 한다. 그런데 I have two scarves here, and you can have _all_.이라고는 쓰지 않는다. all 은 '**둘의 세계**'를 나타낼 때 쓰는 단어가 아니다.

스카프가 세 장 이상일 때 all을 쓸 수 있다. '**셋 이상의 세계**'에서는 '모두'를 뜻할 때 all을, '(그중) 어느 하나'를 뜻할 때 any를 사용한다.

○　I have three scarves here, and you can have all of them.
　　나에게 스카프가 세 장 있는데, 당신이 모두 가지셔도 됩니다.

○ Who should be the leader of this band? — Anyone is OK.

누가 이 밴드의 리더가 되어야 할까? — 누구든 좋아.

➡ 이 밴드가 세 명 이상으로 구성되었음을 알 수 있다.

○ Jenny has two sisters. I know both of them.

제니에게는 언니가 두 명 있는데, 나는 그 둘을 다 안다.

○ Jenny has four sisters. I know all of them.

제니에게는 언니가 네 명 있는데, 나는 그들 모두를 안다.

○ Either you or I should be the representative of this class.

나나 너 중 한 사람이 우리 반의 대표가 되어야 한다고 생각한다.

참고로, either의 부정어인 neither는 'neither=not+either'라고 생각하면 된다. '(둘 중) 어느 하나도 아니다'라는 뜻으로, **둘 다를 부정하는 표현**이다.

○ This time I invited two friends of mine. But neither has come yet.

이번에는 내 친구 둘을 불렀다. 그러나 둘 다 아직 안 왔다.

그렇다면 '셋 이상일 때의 부정'은 어떻게 표현할까? '둘의 세계'를 부정할 때는 either(어느 하나)에 부정의 의미를 지닌 not을 붙여 neither를 쓴다. '셋 이상의 세계'에서는 '어느 하나'를 의미하는 any와 not의 조합인 not+any의 형태로 전체를 부정한다.

○ Jenny has three sisters. But I don't like any of them.

제니에게는 언니가 셋 있다. 그러나 나는 그들 모두를 안 좋아한다.

그렇다면 not+both나 not+all 형태의 표현은 어떤 의미일까? 양쪽 다 '전체 부정'처럼 보이지만, 이 두 표현은 '부분 부정'을 나타낸다. not+both는 '양쪽 모두 ~인 것은 아니다', not+all은 '모두가 ~하지는 않다'라는 의미이다.

○ My teacher gave me two books, but I didn't need both of them.

선생님께서 나에게 책을 두 권 주셨지만, 내게 두 권 다 필요했던 것은 아니다.

○ Not all children like curry.
모든 아이가 카레를 좋아하지는 않는다.

영어가 '하나의 세계', '둘의 세계', '셋 이상의 세계'를 구별하고, 각각의 세계를 표현하는 말이 다르다는 것을 이해하겠는가?

● the other와 another

이제 other에 관해 이야기하겠다. 우선, **둘의 세계**에서 other가 어떤 형태로 쓰이는지 살펴보자.

일반적으로, one이라는 단어를 대명사로 사용할 때 one을 the other나 another, the others 등과 짝짓는다. 이때의 one은 **같은 종류의 사물이 몇 개 있다고 가정했을 때 첫 번째로 가리키는 '(그중) 하나'**라는 의미이다. 가정한 것의 개수가 두 개면 one과 the other를 짝지어 쓴다.

○ I have two hamburgers: <u>one</u> is a cheeseburger, and <u>the other</u> is a fish burger.
나에게 햄버거가 두 개 있다. 하나는 치즈버거이고 다른 하나는 피쉬버거이다.

이 예문의 전제는 **같은 종류의 사물인 '햄버거가 두 개'**라는 것이다. 처음 가리키는 것은 '그중 하나'라는 뜻의 one을 써서 <u>one</u> is a cheeseburger라고 한다. 그리고 **햄버거의 개수가 두 개**이므로 하나를 가리키면 **나머지 하나는 명백하게 정해진다.** 따라서 other에 **정관사 the**를 붙여 the other로 쓴다. 예문 뒷부분에 and <u>the other</u> is a fish burger라고 the other를 쓴 이유가 이해될 것이다.

the other를 쓰는 예를 하나 더 들겠다. 옷가게에 원하는 스타일의 재킷이 두 벌 있어서 그중 하나를 입어 봤는데 마음에 들지 않았다. 그래서 '나머지 하나'를 보여 달라고 요청할 때 the other를 써서 "Can I see the other one?"이라고 말할 수 있다.

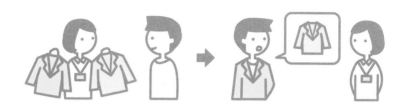

이제 **'셋 이상의 세계'**에서는 other가 어떤 형태로 쓰이는지 알아보자. 친구와 햄버거 가게에서 햄버거를 먹고 있는 상황을 상상해 보라.

○   I've already had one hamburger, but I want another (hamburger).
　　이미 햄버거를 하나 먹었는데, 하나 더 먹고 싶네.

앞 상황과는 달리 여기서는 햄버거가 두 개가 아니다. 게다가 햄버거 가게에서 파는 햄버거 종류는 세 개 이상일 것이므로 '당신도 알고 있듯이'라는 의미의 the를 쓸 수 없다. 그래서 other에 정관사 the가 아니라 '부정관사' an을 붙여서 an other로 쓴다. 그러다가 시간이 흘러 an과 other가 붙어 another라는 단어가 만들어졌다. 그러나 another는 'an other'의 형태로 기억하면 the other와 명확하게 구별되므로 둘을 구분해서 쓰기 더 쉬울 것이다. another는 **'셋 이상의 세계'**에서 **'또 다른 하나'**를 의미하는 단어이다.

옷가게에 가서 재킷을 사는 상황을 상상해 보자. 점원에게 세 벌을 추천받아 먼저 하나를 입었는데 마음에 들지 않았다. 그래서 다른 것을 입어 보려고 한다. 그럴 때 "Can I see another one?"이라고 말할 수 있다. 그런데 두 번째 재킷도 마음에 들지 않았다. 자, 셋 중 마지막 한 벌을 보여 달라고 어떻게 요청하면 될까?

세 벌 중 마지막 재킷이기 때문에 **'청자(듣는 사람)도 알(특정할) 수 있다고 판단
하다'**의 the를 써서 "Can I see <u>the other</u> one?"이라고 말하면 된다.

the other와 another의 차이도 '둘의 세계'인지 '셋 이상의 세계'인지를 인식하고,
그에 따른 정관사/부정관사의 조합 이유를 생각하면 쉽게 이해할 수 있다.

● '나머지 다'를 나타내는 the others

마지막으로 하나만 더 배워 보자. 셋 이상 있는 중에서 '둘 이상의 몇 개'를 가리킬
때는 some을 쓴다. 그리고 **그것을 제외한 나머지**는 the others로 표현한다.

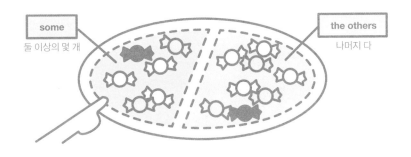

'**나머지**'가 포인트이다. 나머지는 여러 개이자, 무엇을 가리키는지 분명하게 정해진 것이다. '**남은 전부**'이므로 '**청자(듣는 사람)도 알(특정할) 수 있다고 판단하다**'라는 의미의 the가 필요하다. 예문을 보자.

○ I'll take <u>some</u> first, and you take <u>the others</u>.
내가 먼저 얼마 가져갈 테니, 나머지는 네가 다 가져.

이처럼 개수가 정해진 것 중에서 일부를 뺀 '나머지 전부'를 나타낼 때 the others를 쓴다.

이제 another, the other, the others를 명확하게 구분하여 쓸 수 있겠는가? '둘의 세계'와 '셋 이상의 세계'를 인식하는 것만으로도 지금껏 모호했던 개념이 확실해졌을 것이다.

이것으로 PART 7 을 마치겠다. 관사에 따라 전달하는 메시지가 달라진다는 것을 깨달았을 것이다. 이제 자신감을 가지고 관사를 사용하기를 바란다.

PART 8

CORE의
응용력을 키우자

이 책의 요지는 영어 표현력을 향상하기 위해 문법을 이해하자는 것이다.
그 이해의 열쇠가 바로 CORE다. PART 8에서는 CORE가 어떻게 응용
되는지 살펴보자.

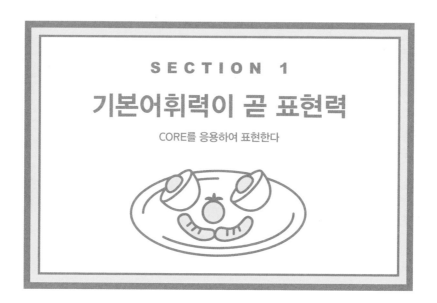

● **기본어휘력이 표현력을 결정한다**

앞의 7개 **PART**를 공부하면서 영문법이 어려운 것이 아니며 영어로 표현하는 데에 얼마나 큰 도움이 되는지 느꼈을 것이다. 영문법은 외우는 게 아니라 이해하는 것이 중요하고, 이해가 되면 쓸 수 있게 된다.

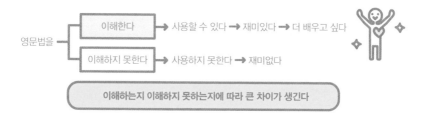

포기하지 않고 이 책의 마지막 파트까지 온 여러분께 박수를 보내며, PART 8 에서는 기본어휘 중 몇 단어를 선별해 그 단어들의 CORE를 다루겠다. CORE 를 배움으로써 표현력을 늘릴 수 있다. PART 1 에서 원어민의 일상회화를 이루는 어휘의 80%가 기본어휘라는 사실은 이미 설명했다. 이를 바탕으로 생각하면, '영어 표현력이란 기본어휘력'이라고 해도 과언이 아니다. 지금부터는 CORE가 어떻게 표현에 응용되는지, 즉 **CORE의 응용력**에 관해 소개하겠다.

● 기본어휘 break

break는 기초 중의 기초라고 할 수 있는 단어이다. 하지만 이 break의 뜻이 워낙 방대해서 문장에 쓰인 break의 뜻을 잘 파악하지 못하는 사람이 많다. 당연히, break를 제대로 응용하여 쓰는 사람은 더 없다고 하겠다. 아래 문장을 읽어 보자.

> Hyunjin Ryu — his fastball is amazing. But he also has a lot of sharp breaking balls.

보통, 우리가 아는 break의 뜻은 '깨트리다'인데, breaking ball은 '변화구'라는 단어이다. 이때의 breaking은 무슨 뜻일까? '변화구'라는 단어에 왜 break를 사용하는지 알기 위해서는 break의 CORE를 이해해야 한다. 'break=**깨트리다**'처럼 영어와 한국어의 일대일 대응으로만 암기해서는 break를 제대로 쓸 수가 없다.

break의 CORE ◎ 는 '물건이나 흐름을 깨트리다'이다.

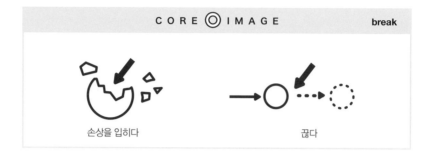

break의 CORE◎IMAGE 를 살펴보자. 그림 속 굵은 화살표는 힘의 작용이라고 생각하면 된다. 이 힘을 가하여 **'물건이나 흐름을 깨트리는'** 것이다.

He broke the window yesterday(그는 어제 창문을 깨트렸다).에서의 break는 '물건을 깨트리다'에 해당하는 예인데, **break의 결과로 window가 그 기능을 더 이상 할 수 없는 지경에 이르렀다**는 것이 포인트이다. 즉, 이 문장에서 break는 쭉 유지되던 window의 역할을 '깨트렸다'라는 의미이다. break라는 동사를 제대로 응용하려면 '(지금까지 지속되어 온) 흐름을 깨트리다'라는 break의 본질적인 의미를 알고 있어야 한다.

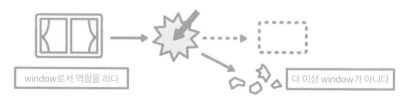

(지금껏 지속되어 온) 흐름이 멈췄다는 것이 핵심

'꽃병을 깨트리다'는 break the vase, '컴퓨터를 부수다'는 break the computer 라고 하는데, 여기서는 단순히 'break=깨트리다'로 이해하면 된다. 중요한 것은 break의 결과, 지금까지 꽃병과 컴퓨터가 수행하던 역할의 **흐름이 멈췄다(끊겼다)**는 뉘앙스를 느낄 수 있는가이다. 이 뉘앙스를 제대로 느끼고 파악했는지 여부가 응용 단계로 나아갈 수 있는지 없는지를 가르는 분수령이 된다.

이제 왜 '변화구'를 영어로 breaking ball이라고 하는지 감이 잡힐 것이다. 이전까지 직구로 날아오던 공이 **궤적을 바꾸는** 것이므로 변화구를 breaking ball이라고 한다.

○ Hyunjin Ryu—his fastball is amazing. But he also has a lot of sharp breaking balls.

  류현진 선수의 속구는 대단하다. 그러나 그는 각이 큰 여러 구종의 변화구도 던진다.

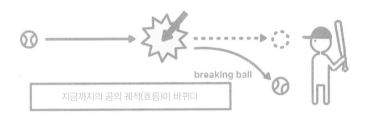

breaking ball

지금까지의 공의 궤적(흐름)이 바뀌다

break와 관련해 또 다른 예를 살펴보자. '속보'는 영어로 breaking news인데, 방송 중에 뉴스 캐스터가 이렇게 이야기했다고 가정하자.

○ We interrupt this program to bring you breaking news.

  방송 중에 속보를 전해 드립니다.

We interrupt this program은 '이 프로그램을 훼방하다' 정도로 해석하면 되고, 훼방의 이유가 무엇인지는 to 이하에 나타나 있다. 훼방의 이유는 to bring you breaking news(속보를 전하기 위해서)이다. breaking news가 '속보'를 뜻하는 이유는, 이전까지 지속되어 온 프로그램의 '**흐름을 깨트리기**' 때문이다.

NEWS

지금까지의 프로그램 흐름을 바꾸다

이제 '휴식 시간'을 영어로 왜 break time이라고 하는지 그 이유도 짐작할 수 있을 것이다. 지금까지 해 온 일의 '흐름을 깨트리고' 휴식을 취하기 때문이다. '잠시 쉬자!'라고 할 때 Let's have a break!라고 말하는 것도 같은 이유에서이다.

Give me a break!라는 표현도 살펴보자. 이 문장은 상황에 따라 의미가 달라진다. 예를 들어, 업무 중에 그 흐름을 깨트리는 경우에는 '잠시 쉽시다!'라는 의미이지만, 계속되는 잔소리에 지쳤거나 뭔가에 질려버렸을 때는 '이제 그만 좀 해!'라는 의미로 사용된다. 상황의 흐름을 깨트리고 싶을 때 자주 쓰는 표현이므로 꼭 기억해 두자.

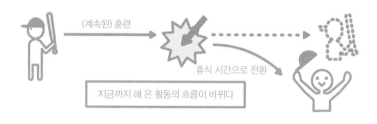

(계속된) 훈련

휴식 시간으로 전환

지금까지 해 온 활동의 흐름이 바뀌다

● 추상적인 것을 깨트릴 때의 break

'**흐름을 깨트리다**'라는 break의 **CORE ◎** 를 이해하면 **물리적인 것을 깨트리는 상황이 아닌 경우**에 사용되는 break에 대해서도 이해할 수 있게 된다. "The Year My Voice Broke"라는 제목의 영화가 있다(한국에는 〈사랑하기엔 아직 일러요〉라는 제목으로 소개되었다). 이 제목은 무슨 의미일까? my voice broke가 핵심이다. break는 '**흐름을 깨트리는**' 것이므로 이 부분은 '**내 목소리가 지금까지 이어져 온 흐름을 깨트렸다**'라는 뉘앙스를 갖는다. 따라서 영화 제목을 한국어로 번역하면 '내게 변성기가 찾아온 해'이다. '변성기'가 영어로 뭔지 궁금하다면 기억해 두자. 어렵게 생각할 필요 없이, 기본어휘인 break로 표현할 수 있다.

이번엔 **심리적인 것**을 '깨트릴' 때에도 break를 쓸 수 있다는 사실을 예를 통해 확인해 보자.

○ I broke her heart and lost her.

나는 그녀 마음을 아프게 했고, 결국 그녀를 잃었다.

예문에서 break의 대상은 '**마음**'이라는 추상적인 개념이다. He broke an egg(그는 계란을 깨트렸다).에서처럼 대상이 사물일 때와 별반 차이 없이, 이런 추상적인 개념에도 break가 사용되었다. 이처럼 break가 영향을 미치는 범위는 눈으로 보고 만질 수 있는 사물에만 국한되지 않는다.

물리적인 대상   심리적인 대상

이로써 break의 C O R E ◎ 를 확실하게 습득했을 것이다. 다시 한번 break의 C O R E ◎ 를 곱씹으면서 아래 예문을 읽어 보기를 바란다.

PART
8

○ Usain Bolt broke the world record again.

우사인 볼트는 또다시 세계기록을 경신했다.

○ They easily broke the secret code.

그들은 쉽게 암호를 풀었다.

○ Can you break a ten pound bill?

10파운드 지폐를 깰 수 있니(10파운드 지폐를 깰 잔돈이 있니)?

○ They broke their journey to Busan at Daegu.

그들은 부산까지 가려던 여행 일정을 대구에서 중단했다.

○ She broke her career to study abroad.

그녀는 외국에서 공부하기 위해 일을 그만두었다.

○ I can't believe it! She broke her promise!

믿을 수 없어! 그녀가 약속을 어겼어!

● 기본어휘 drive

다음으로 배울 기본어휘는 drive이다. drive 또한 학습자들이 처음에는 쉽게 생각하지만, 그 의미의 확장성 때문에 시간이 지날수록 어렵게 여기는 단어이다. 보통, 사람들은 'drive=(차를) 운전하다'로 암기한다. 하지만 그 지식만으로는 다음과 같은 예문의 의미를 제대로 파악하기 어렵다.

○   The teacher tried to <u>drive</u> the bees out of the classroom.

이뿐만이 아니다. 골프채 중에서 가장 긴 비거리가 나오는 채를 '드라이버(driver)', 벽에 나사못을 돌려서 박거나 **빼는** 도구를 '드라이버(screwdriver)'라고 하는데, 그 이유를 아는가? 이처럼 다양하게 drive가 응용되는 이유를 알기 위해서는 drive의 C O R E ◎ 를 이해해야 한다.

● drive의 CORE

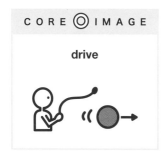

drive의 C O R E ◎ 는 **'(원래부터 움직일 만한 것을) 힘껏 움직이게 하다'**이다. 옆의 C O R E ◎ I M A G E 를 보자. 채찍처럼 보이는 것을 든 사람이 대상을 움직이고 있다. 그런데 대상은 구 형태이므로 **'원래부터 움직일 듯한'** 느낌을 준다.

He <u>drives</u> to his office every day(그는 매일 차를 운전해 사무실에 출근한다).나 Do you drive a car(차를 운전하시나요)?라는 문장에서의 drive는 가장 일반적인 'drive=(차를) 운전하다'의 의미이다.

자동차는 **원래부터 움직일 것 같은** 물체이다. 이런 물체를 **'힘껏 움직이게 하는'** 것이 drive이다. 그렇다면 drive와 They moved the car.라는 문장의 move는 어떤 의미 차이가 있을까? 상황에 따라, 이 문장은 고장 난 차를 밀거나 들어서 옮기는 등 억지로 움직인 것을 설명한 문장일 수 있다. drive와 달리, move를 사용한 문장에서의 car는 도통 '움직일 것 같지 않은' 상태이다.

드라이버를 뜻하는 screwdriver의 대상인 screw(나사못)는 '원래 움직일 것 같은' 사물이다. 끝은 뾰족하고, 나선형으로 홈이 파여서 벽을 뚫고 들어갈 것 같은 인상인데, 실제로 이를 행하는 도구이므로 screwdriver라고 부르는 것이다.

또한, '**힘껏**'이라는 느낌도 대단히 중요하다. 자동차는 붕 하고 모는 느낌, 드라이버는 나사못을 힘껏 벽에 박아 넣는 느낌을 들게 한다. 공을 가장 멀리 날려 보내는 골프채가 드라이버이다. 이것의 대상인 골프공은 원래부터 '날아갈(움직일) 것 같은' 사물이다.

driver

움직일 것 같은 사물을
힘껏 움직이게 하는 도구

지금까지 설명한 '**원래부터 움직일 것 같은 대상**'과 '**힘껏**'이라는 두 가지 포인트만 확실하게 파악하고 있으면 drive를 쉽게 이해하고 응용할 수 있다.

이제 254쪽의 예문을 다시 살펴보자.

○ The teacher tried to drive the bee out of the classroom.

　　선생님은 교실에서 벌을 내쫓으려고 했다.

선생님이 힘껏 벌을 움직이게 하려고(내쫓으려고) 하다

bee(벌)는 생물이므로 당연히 '원래 움직일 것 같은' 대상이다. 그러한 대상을 교실 밖으로 힘껏 내쫓으려고(움직이게 하려고) 한 것이므로 drive를 쓰는 것이 적절하다. drive의 C O R E ◎ I M A G E 를 보면 사람이 채찍 같은 것을 쥐고 대상을 어딘가로 모는 모습이 그려져 있는데, 그 느낌이 잘 드러나는 예문이다.

The rain drove me inside.라는 문장을 보면 rain(비)이 나를 '(건물) 안으로 모는' 느낌이다. 그러므로 이 문장은 '비 때문에 나는 (건물) 안으로 뛰어 들어갔다'라고 해석하면 된다.

비가 나를 건물 안으로 움직이게 했다(몰았다)

Hatred drove them to take up weapons.라는 문장은 어떤가? hatred는 '증오/미움', weapon은 '무기'라는 뜻이다. drive의 C O R E ◎ 를 떠올려서 해석해 보자. 문장의 앞부분인 Hatred drove them은 '증오가 그들을 몰아갔다'로 해석되는데, 어디로 몰아갔는지에 관한 정보가 to take up weapons(무기를 들게끔 하는 행위로)이다. 따라서 이 문장은 '증오가 그들에게 무기를 드는 행위에 나서게 했다'로 해석된다.

증오가 그들을 무장 봉기로 움직이게 했다(선동했다)

마지막으로, drive가 몰아가는 방향의 끝이 '**감정**'일 수도 있다. 이것까지 알면 drive를 한층 폭넓게 활용할 수 있다.

○ The test results drove her to despair.

시험 결과는 그녀를 절망에 빠지게 했다.

시험 결과가 그녀를 절망의 늪으로 움직이게 했다(빠트렸다)

희로애락으로 대표되는 사람의 감정은 '움직일 수 있는 것'이다. 따라서 drive의 대상이 될 수 있다. 예문에서는 test results가 그녀의 감정을 to despair(절망에)로 움직이게 한 것이다. 감정과 연계되는 drive가 쓰인 예문을 몇 개 더 살펴보자.

○ The death of her husband drove her mad.

남편의 죽음은 그녀를 미치게 했다.

○ His kisses always drive me wild.

그의 키스는 항상 나를 흥분하게 한다.

지금까지 기본어휘 중 동사 break과 drive를 살펴보았다. 두 동사의 CORE를 알게 됨으로써 두 단어의 응용도 이해하게 되었을 것이다. 이처럼 단어의 CORE를 알면 응용도 할 수 있기에 표현의 범위가 넓어진다.

마지막으로 다룰 기본어휘는 as이다. 사전에서 as를 찾으면 '~(함)에 따라', '~하고 있을 때', '~하므로', '~처럼(같이)' 등 다양한 뜻이 나열되어 있다. 그러나 그 많은 뜻도 as의 CORE를 알면 굳이 외울 필요 없이 쉽게 이해할 수 있다. as의 CORE ◎ 는 무엇일까?

● as의 CORE

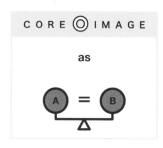

as의 CORE ◎ 는 '등호(=)'이다. CORE ◎ IMAGE 를 보자. 저울에 올려진 A와 B가 대등하게 균형을 이루고 있다. 이를 통해 as는 A와 B가 '대등한 관계'임을 나타낸다는 것을 알 수 있다. as를 '등호(=)'로 이해하면 as의 다양한 의미(용법)를 쉽게 이해할 수 있다. as의 CORE ◎ 를 익히고 적극적으로 as를 응용해 보자.

○ He came to the party <u>as</u> a monster.
　　그는 괴물 모습으로 파티장에 왔다.

예문의 as a monster를 '괴물과 동등한'으로 해석해 보자. 괴물과 동등한 상태로 파티에 왔다는 것은 괴물 분장을 하고 왔다는 것을 의미한다. as의 CORE ◎ 가 '등호(=)'라는 사실만 알면 이해하기 쉬운 문장이다.

다른 예문도 보자.

1　He lived <u>as</u> a saint.
　그는 성인으로 살았다.

2　This can be used <u>as</u> a knife, too.
　이것은 칼로도 쓸 수 있다.

3　<u>As</u> a teacher, I always try to help students to achieve their dreams.
　선생으로서 나는 언제나 학생들이 꿈을 이루는 것을 도우려고 노력한다.

1 을 'he=saint(성인과 동등한)', 2 를 'this=knife(칼과 동등한)', 3 을 'I=teacher(선생과 동등한)'로 곧바로 인식했는가? 그랬다면 쉽게 문장을 해석할 수 있었을 것이다.

지금까지는 as가 **전치사**일 때를 살펴보았다. 지금부터는 **접속사**일 때를 다룰 것이다. 사실, as가 전치사인지 접속사인지는 그다지 중요하지 않다. 그보다는 as의 C O R E ◎ 가 '**등호(=)**'라는 사실에 집중하자.

○　I saw my mom <u>as</u> I was getting off the bus.
　버스를 내리는 도중에 나는 엄마를 보았다.

이 문장에서의 as의 의미는 '**~하고 있을 때**'이다. 흔히 '때를 나타내는 as' 용법이라고 하지만, 굳이 이렇게 분류할 필요가 없다. 그냥 앞뒤의 관계가 '**등호(=)**'라고 생각하면 된다. 버스를 내리려던 '차에/바로 그 순간' 엄마를 본 것이다. 이 **동시성**의 뉘앙스가 as를 통해 예문에 드러나 있다.

다음 예문을 읽어 보자.

○ I think the picnic should be canceled <u>as</u> it looks like rain.
　비가 올 것 같으므로 난 소풍이 취소되어야 한다고 생각한다.

이 문장에서의 as는 어떤 용법일까? 지금까지는 '~하므로'라는 의미의 '이유를 나타내는 as'라고 외웠을 것이다. 하지만 이제부터는 as의 **C O R E ◎** 에 기반해 문장을 바라보자. 이 문장은 '소풍은 취소되어야 한다=비가 오다'라는 **등호(=)** 관계가 성립함을 알 수 있을 것이다. '이유를 나타내는 as'도 as의 **C O R E ◎** 를 알면 쉽게 이해할 수 있다.

as가 접속사로서 문장의 앞뒤 내용 사이에서 대등하게 균형을 잡고 있다

또 다른 용법의 as로 쓰인 예문도 살펴보자.

○ <u>As</u> I told you before, our boss is coming here today.
　내가 전에 말했듯이, 오늘 사장님께서 여기에 오실걸세.

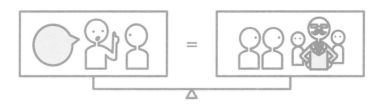

이 문장에서의 as는 '~**처럼(같이)**'이라는 의미로, 보통은 '양태를 나타내는 as' 용법이라고 한다. 그러나 이 문장의 as도 자세히 들여다보면 결국은 '**등호(=)**' 관계를 나타내는 것이다. '내가 전에 당신에게 말한 것'과 '사장이 오늘 이곳에 온다' 사이에는 대등한 관계가 성립한다. 참고로, As I told you before나 As I said before는 '전에도 내가 말했던 것처럼'이라는 의미의 표현인데, 일상에서 자주 쓰므로 꼭 외워 두자.

as는 아래 예문과 같은 용법으로도 쓰인다.

○ The air grew colder <u>as</u> we went further up.
우리가 위로 더 올라갈수록 공기는 더 차가워졌다.

'올라가는 것'과 '차가워지는 것'이 대등하게 발생한다

'위로 더 올라갔다(went further up)=공기가 차가워졌다(air grew colder)'라는 '**등호(=)**' 관계가 성립하는 이 문장의 as는 '~**함에 따라**'를 뜻한다.
두 가지를 대등한 관계로 놓는 as의 '**등호(=)**' 감각을 확실하게 익히면 이제 as 때문에 헤매지 않을 것이다.
마지막으로, as의 **C O R E** ◎ 를 떠올리며 다음 예문을 읽어 보자.

○ You can use the glass bottle <u>as</u> a vase.
그 유리병을 꽃병처럼 사용할 수 있다.

○ I'm happy <u>as</u> I am.
지금의 나로 행복하다.

○ He is <u>as</u> clever <u>as</u> his brother.
그는 자기 형만큼 똑똑하다.

- As the population increases, people's way of life changes.

  인구가 늘어남에 따라 사람들의 생활 방식이 달라진다.

- As I was late, I took a bus.

  늦었기 때문에 나는 버스를 탔다.

- There are so many genres of music in the world, as you know.

  당신도 알고 있듯이, 세상에는 정말 많은 음악 장르가 있습니다.

이로써 책의 모든 내용을 살펴보았다. 사람에 따라 쉽거나 어렵게 느낀 파트가 다를 것이다. 물론, 이 책에서 다룬 내용만으로는 영문법을 다 이해할 수가 없고, 공부를 하면 할수록 난관에 부딪힐 수도 있다. 그러나 CORE 학습의 2대 원칙인 '형태가 다르면 의미도 다르다'와 '형태가 같으면 공유하는 본질적인 의미가 있다'를 바탕으로 단어와 문법을 바라보면 큰 어려움 없이 그 의미와 쓰임을 이해하게 될 것이다. 영문법은 영어의 뼈대이자 핵심으로, 영문법에 관한 확실한 이해는 풍부한 영어 표현력을 위한 필수 조건이다. 이 책에서 배운 CORE를 잘 응용하여 즐겁게 표현력을 향상하기를 바란다.